Oltersdorf

Familienküche frei von

Laktose, Fructose, Histamin

Dr. med. Daniela Oltersdorf ist Frauenärztin und arbeitet in einer gynäkologischen Gemeinschaftspraxis im schwäbischen Calw. Seit einigen Jahren ist sie selbst von Intoleranzen gegen Histamin, Fructose und Laktose betroffen. Als berufstätige Mutter dreier Kinder muss sich das Thema Kochen schnell und einfach in den turbulenten Alltag einfügen. So entstanden ihre familientauglichen Rezepte, die allen schmecken – und ihr gut bekommen. Mehr von ihr auf Instagram unter fraudoktor_o

Dr. med. Daniela Oltersdorf

Familienküche frei von Laktose, Fructose, Histamin

120 einfache Rezepte, die allen schmecken

TRIAS

Exkurse

Das Rezept zum Coverfoto finden Sie auf Seite 71.

Liebe Leserin, lieber Leser,

schön, dass du mein Buch in deinen Händen hältst. Du bist sicher über den Titel »Familienküche frei von Laktose, Fructose, Histamin« gestolpert oder in deiner Familie hat jemand eine Histamin-, Laktose- oder Fructoseintoleranz und du hast auf diese Weise mein Buch gefunden. In unserer Familie bin ich diejenige, die an einer Histaminintoleranz leidet. Bei dir liegt die Sache vielleicht anders und eines deiner Kinder verträgt keine Fructose oder Laktose, dein Partner hat eine Histaminintoleranz oder, oder, oder. Dieses Buch wird dir helfen, allen Bedürfnissen in der Familie gerecht zu werden, ohne dabei die Nerven zu verlieren und für jeden ein Extrasüppchen kochen zu müssen.

Als ich meine erste Intoleranz entwickelte und später weitere dazukamen, hätte ich mir so ein Buch selbst gewünscht. Der Alltag als berufstätige Mutter mit Ehemann und drei Kindern fordert doch reichlich Energie (Stress klingt immer so negativ). Leider hat dieses »umtriebige Leben« meistens einen Einfluss auf unsere Gesundheit und vor allem auch auf unseren Darm. Und so ist es nicht verwunderlich, dass uns gerade Nahrungsmittel-Intoleranzen in unserer Lebensmitte treffen oder manchmal regelrecht überfallen.

Um dir die neue Küchensituation zu vereinfachen, hast du jetzt mein Buch in der Hand. Es ist gleichzeitig Ratgeber und Kochbuch und ermöglicht dir durch das Austauschprinzip viele deiner Rezepte weiterhin zu kochen.

Auf den folgenden Seiten findest du Symptomatik, Diagnosefindung, Therapiemöglichkeiten im weitesten Sinne und eine Liste der verträglichen Lebensmittel zu den einzelnen Intoleranzen. Der Kochbuchteil beinhaltet fast 120 Gerichte, saisonale Variationen sowie viele Tipps und Add-ons, um die Gerichte für alle, die es vertragen und für Gäste spannend abzuwandeln.

Wenn du magst, schau doch auf meinem Instagram-Account unter @fraudoktor_o noch nach weiteren inspirierenden Rezepten.

Deine Daniela Oltersdorf

Unser perfekter Familientag

Dreikornbrötchen

Für 8 Stück
10 Minuten + 25 Minuten Backzeit + 12 Stunden Ruhezeit

¼ Würfel Hefe (10 g) • 1 EL Zucker • 2 EL Rapsöl • 1 TL Salz • 300 g Weizenmehl • 90 g Roggenmehl • 80 g Dinkelmehl • 1 EL Samen (z. B. Chia-, Lein-, Hanfsamen) oder Dinkelgrieß zum Bestreuen (optional)

- Die Hefe in 300 ml lauwarmes Wasser bröckeln, Zucker, Öl und Salz hinzugeben und alle Mehlsorten unterrühren. Den Teig über Nacht an einem warmen Ort gehen lassen.
- Den Backofen auf 230 °C vorheizen. Aus dem Teig 8 Brötchen formen, mit etwas Wasser bestreichen und mit den Samen bestreuen.
- Auf ein mit Backpapier belegtes Backblech legen und 25 Minuten backen.

Hackbällchen mit Ofenkartoffeln

Für 4 Personen
10 Minuten plus 45 Minuten Backzeit

6 mittelgroße Kartoffeln • 2 Süßkartoffeln • Pfeffer • Salz • 1 TL Kräuter der Provence • 3 EL Öl plus etwas zum Braten • 3 Scheiben Toastbrot • 1 Ei • etwas Pflanzendrink • 500 g gemischtes Hackfleisch • 1 TL Senf (nach Verträglichkeit)

- Kartoffeln und Süßkartoffeln waschen, schälen und in Pommes-frites-Form schneiden. Den Backofen auf 180 °C vorheizen.
- Kartoffel- und Süßkartoffelspalten getrennt voneinander mit je der Hälfte Pfeffer, Salz, Kräutern der Provence und Öl marinieren und auf je einem Blech verteilen.
- Kartoffeln im Ofen 45 Minuten backen, Süßkartoffeln nach 25 Minuten einschieben.
- Toastbrot würfeln, Ei und so viel Pflanzendrink zugeben, bis ein weicher Brei entsteht. Hackfleisch mit Pfeffer und Salz würzen und damit vermengen. Wenn Senf gut vertragen wird, diesen auch zugeben.
- Kleine Bällchen formen und in einer Pfanne mit etwas Öl 15–20 Minuten braten.

Das passt dazu Mit einem Dip servieren.

Spaghetti carbonara

Für 4 Personen
15 Minuten

500 g Spaghetti • Salz • 200 g gekochter Schinken • 3 EL Olivenöl • 200 ml Pflanzendrink (oder Sahne) • 50 g Mandelmus • Pfeffer • Salz • 2 sehr frische Eier • 2 EL gehackte Mandeln oder geschälte Hanfsamen

- Spaghetti nach Packungsanweisung in Salzwasser kochen.
- In der Zwischenzeit Schinken würfeln und in einer Pfanne in Öl anbraten. Mit Pflanzendrink ablöschen und das Mandelmus hineinrühren. Mit Pfeffer und Salz würzen.
- Die Eier verquirlen, unterheben und kurz stocken lassen.
- Nudeln abgießen und mit der Sauce vermengen. Mit gehackten Mandeln oder Hanfsamen als Parmesanersatz servieren.

Meine »Frei-von«-Familienküche

Wie geht es, abwechslungsreich und gesund zu essen, wenn aufgrund von Intoleranzen auf so manches verzichtet werden muss?

Die leidigen Intoleranzen

Neue Wege beschreiten, sich bewusster mit Nahrungsmitteln und deren Herkunft auseinandersetzen und weiterhin sehr lecker und gesund essen ist möglich!

Intoleranzen und Unverträglichkeiten nehmen zu. Um möglichst viele Bälle gleichzeitig in der Luft zu halten, sind wir immer mehr mit Stresshormonen wie Cortisol und Adrenalin überflutet, die uns einerseits aktiv halten, andererseits aber auch unsere Verdauung sehr stören, wenn nicht sogar lahmlegen. Und daraus resultieren Verdauungsstörungen mit »leichten« Beschwerden wie Blähungen bis hin zum Leaky Gut, einem durchlässigen Darm.

Zahlreiche weitere Gründe führen dazu, dass wir alle mehr gefährdet sind, Intoleranzen zu entwickeln – ob zu hohe Ansprüche an uns selbst, Stress, dem auch unsere Kinder schon ausgesetzt sind, oder eine unausgewogene Ernährung.

Wenn du selber nicht von einer Intoleranz betroffen bist, aber eines oder mehrere deiner Familienmitglieder, ist die Situation leider kein bisschen leichter. Umso wichtiger ist es, trotz Intoleranzen seine neue Mitte zu finden, viele (neue) Ruhepausen einzubauen und zu versuchen, die neuen Lebensumstände anzunehmen.

Mein langer Weg zur Diagnose

Bei mir fing es vor neun Jahren mit einer Laktoseunverträglichkeit an. Zunächst war mir aufgefallen, dass ich nach dem Genuss von Käse, Milchkaffee und Joghurt Magenschmerzen bekam. Da ich jedoch wieder angefangen hatte zu arbeiten und meine Kinder noch klein waren, dachte ich, es seien der Stress und die viele Energie, die das Leben als berufstätige Mama mit zwei kleinen Kindern so mit sich bringt. Ich zweifelte eher an meiner psychischen Verfassung (Stress, Hektik, Perfektionismus) als an meiner körperlichen.

Es folgte ein halbes Jahr des »Herumprobierens«: den Kaffee weglassen, eine andere Milch austesten oder besser gar keine trinken? Tee trinken, keinen Käse verspeisen oder lieber Wurst aufs Brot legen? So überlegte ich hin und her. Dann beschloss ich doch, einen Gastroenterologen aufzusuchen, obwohl ich nicht die klassischen Symptome einer Laktoseintoleranz zeigte (Durchfall, Blähungen, Bauchschmerzen), sondern hauptsächlich Magenschmerzen oder Magenzwicken hatte. Da meine Beschwerden sich allerdings nach dem Essen von Müsli, Joghurt und Milchkaffee zeigten, lag der Verdacht dann doch nahe. Im Nachhinein gab es parallel schon die ersten Anzeichen einer Histaminintoleranz, die damals als solche nicht erkannt wurde.

Mein Laktoseintoleranztest, sprich der H2-Atemtest, fiel negativ aus. Das könne bei ein paar Patienten so sein, erklärte man mir. Beim Durchführen des Tests bekam ich allerdings ein Bauchgrummeln und Zwicken, was als Hinweis gewertet wurde, dass ich Laktose nicht vertrage. Daraufhin verwendete ich einige Monate laktosefreie Produkte, die meine Beschwerden nur geringfügig besserten. Die Magenspiegelung, die zur Sicherheit durchgeführt wurde, zeigte normale Verhältnisse. Also beschloss ich, mich einige Monate komplett ohne Milch und Milchprodukte zu ernähren, worauf meine Beschwerden verschwanden. Im Nachhinein logisch, da ich weder Parmesan noch sonstigen Hartkäse mehr verzehrte.

Doch keine Laktoseintoleranz?

Nach neun Monaten führte ich laktosefreie Milchprodukte wieder ein und es ging viele Jahre gut. Zum Teil lag es sicher daran, dass die Kinder größer wurden, mehr Ruhe beim Essen herrschte, ich wieder anfing, Yoga zu praktizieren und alles insgesamt weniger stressig oder umtriebig empfand als zuvor. Als wir nochmals Nachwuchs bekamen, fingen kurz nach der ersten Stillzeit ganz langsam neue Beschwerden an, die ich nicht zuordnen konnte. Ich hatte in den Wintermonaten ständig ein Krankheitsgefühl, ohne wirklich krank zu werden, und versuchte, es durch viel heiße Zitrone zu vertreiben. Ich bekam immer wieder Gliederschmerzen, fühlte mich müde und erschöpft, dachte aber, das liege sicher an meiner Situation mit einem kleinen Baby und dem daraus resultierenden Schlafmangel.

Immer öfter bemerkte ich ein merkwürdiges Völlegefühl nach einem Essen mit Knoblauch oder Hackfleisch und hatte Bauchschmerzen nach dem Genuss von Trauben und Äpfeln. Die laufende Nase nach dem Essen kannte ich schon viele Jahre, und dass meine Lippen nach dem Genuss von Ananas und Emmentaler brannten, auch. Die Situation spitzte sich zu, als ich in einem Buch las, das Einzige, was gegen das »Altern« (ich war jetzt 42) und die Falten wirklich helfen würde, sei der Verzehr von viel Obst und Gemüse. Tja, und da habe ich es wohl ein bisschen übertrieben … Ich aß mehrere Schälchen Beeren am Tag, trank Smoothies und Saftschorlen und bereitete Gerichte mit viel Gemüse zu. Da ich noch stillte und permanent Hunger hatte, aß ich außerdem reichlich Nüsse, Trockenfrüchte und Müsliriegel. Nicht zu vergessen die Kaugummis, die ich so gerne kaute.

Auf einmal ging gar nichts mehr

Das alles zusammen wurde mir im Herbst 2019 zum Verhängnis. Es ging buchstäblich gar nichts mehr! Ich hatte fürchterliche Oberbauchbeschwerden, Bauchkrämpfe, Magengrummeln und ein Völlegefühl. Glücklicherweise bin ich Ärztin und konnte mir so einige Zusammenhänge selbst herleiten. Schnell hatte ich das Zuviel an Fructose in Verdacht und besorgte mir ein Buch, um Klarheit zu bekommen. Darin fanden sich ein paar Testfragen, die ich fast alle mit »Ja« beantworten konnte. Nachdem ich drei Tage auf Obst, Gemüse und Kaugummis verzichtet hatte, war ich beschwerdefrei! Also versuchte ich, die Fructosehaltigen Obstsorten zu meiden, das Gemüse nach seinem Glukose-Fructose-Verhältnis auszuwählen und ein paar Gewohnheiten in meiner Küche umzustellen.

Die Bauchschmerzen, vielmehr die Blähungen, blieben mit meiner neuen Fructosearmen Ernährung aus. Allerdings hatte ich immer noch Magenzwicken und dieses komische Völlegefühl, sodass ich beschloss, wie vor vielen Jahren auf die Milchprodukte zu verzichten. Daraufhin verschwand zwar das Magenzwicken, das Völlegefühl jedoch blieb. Um in meinen Gerichten genügend Eiweiß zu haben und um die Milchprodukte zu ersetzen, verwendete ich nun gehäuft Sojaprodukte, Hülsenfrüchte, Trockenhefe und weiterhin Walnüsse sowie gemahlene Cashewkerne. Im Nachhinein betrachtet natürlich extrem schlecht und daher wurde es auch immer schlimmer mit meinen Symptomen und nicht besser!

Jetzt wurde systematisch getestet

Mittlerweile hatte ich auch ein unerklärliches Asthma entwickelt, obwohl ich weder rauche noch eine Pollenallergie habe. Zum Glück fand ich eine gute Ernährungsberaterin, die mit mir nach und nach die Intoleranzen »durchging«. Zunächst konzentrierten wir uns auf die Fructoseintoleranz. Ich bekam verschiedene Obstsorten zum Testen. Zunächst relativ Fructosearme Sorten, später auch solche mit höherem Fructosegehalt. Jeweils 100 Gramm nüchtern, also zwischen den Mahlzeiten oder als Frühstück. Bis zu 7 Gramm Fruchtzucker vertrug ich ganz gut, bis auf die zu testende Papaya. Das sollte ein weiteres Indiz sein, dass ich wohl zusätzlich unter einer Histaminintoleranz (HIT) litt, wie ich schon vermutet hatte. Daraufhin erhielt ich eine Liste der Nahrungsmittel, auf die ich ab sofort verzichten sollte, und es ging mir nach ein paar Tagen wirklich besser!

Natürlich frustrierte es mich, dass sich die Histaminintoleranz bestätigt hatte. Keinen Käse, keinen Rotwein, keinen Serranoschinken, keine Oliven, weder saure Gurken noch Nüsse oder Schokolade. Die Liste sah erschreckend aus! Außerdem waren das die Dinge, die ich echt gerne aß und trank. Doch was blieb mir übrig? Ich wollte, dass es mir endlich besser ging, außerdem hatte ich so viel Gewicht verloren und sah wirklich krank aus.

Nun musste komplett umgeplant werden. Welche Nahrungsmittel lassen sich durch andere ersetzen? Welche Gerichte gehen problemlos? Was kann bedenkenlos immer gegessen werden? Was außer Haus? Was mache ich im Urlaub und bei Einladungen? Es bereitete mir wirklich Kopfzerbrechen, ich probierte sehr viel aus (und schmiss sehr viel weg!). Gerade bei der Kombination meiner Intoleranzen schlossen sich die Lebensmittel meist gegenseitig aus.

Den Unverträglichkeiten auf der Spur

Die Unverträglichkeiten von Laktose und Fructose lassen sich meist schnell diagnostizieren, doch die Histaminintoleranz ist das Chamäleon der Unverträglichkeiten. Anhand meines Beispiels siehst du schon, dass es etwas kniffelig sein kann, den Unverträglichkeiten überhaupt auf die Spur zu kommen. Ich möchte dir erklären, was hinter den verschiedenen Unverträglichkeiten steckt, wie sie diagnostiziert werden und worauf man dann achten muss.

Fructoseunverträglichkeit

Viel Fructose bzw. Fruchtzucker befindet sich in Früchten, Fruchtsäften und Trockenfrüchten, in einigen Gemüsesorten, versteckt in Fertigwaren, in Honig, Haushaltszucker oder als Sirup (Fructose-Glukose-Sirup), als Feuchthaltemittel in Backwaren oder zum Süßen in verschiedenen Lebensmitteln. Oft steht auf der Packung »mit Fruchtzucker gesüßt« oder »mit natürlicher Fruchtsüße«.

Wie kommt es dazu?

Ein Zuviel an Fructose kann von manchen Menschen im Darm nicht richtig aufgenommen werden. Die Transporter (GLUT-5) reichen dafür nicht aus oder können die Fructose nur unzureichend aufnehmen. So gelangt der Fruchtzucker in den Dickdarm, wird von den dort ansässigen Bakterien zu Kohlenstoffdioxid, Wasserstoff, Methan und Buttersäure vergoren und verursacht die typischen Beschwerden: Blähungen, Bauchschmerzen besonders im rechten und linken Unterbauch, Darmgeräusche, Aufstoßen, Durchfälle, aber auch Verstopfung. Die Symptome können bereits 1 bis 2 Stunden nach dem Verzehr von Fruchtsäften auftreten oder erst nach 6 bis 24 Stunden, wenn zu viel Fructose in einer festen Mahlzeit verzehrt wurde.

Ein weiterer Grund für eine Fructoseintoleranz könnte auch der übermäßige Verzehr von zuckerfreien Süßigkeiten sein. Als Zuckerersatz werden Austauschstoffe wie Laktit, Mannit, Sorbit oder Xylit verwendet, die die Aufnahmekapazität des Fructose-Transporters im Darm weiter hemmen. Gerade zuckerfreie Kaugummis können zu einer sekundären Fructose-Unverträglichkeit führen.

Außerdem ist es in unserer Gesellschaft üblich geworden, Snacks oder Zwischenmahlzeiten in Form von Früchten, Trockenfrüchten, Müsliriegeln oder Fruchtjoghurts zu uns zu nehmen. Die Regel »5 am Tag«, womit fünf Portionen Obst und Gemüse pro Tag gemeint sind, wird eher zugunsten von vier Portionen Obst und einer Portion Gemüse interpretiert. Eine Portion entspricht etwa einer hohlen Handvoll. Gerade bei kleinen Kindern passen da höchstens zwei Apfelschnitze oder eine halbe Mandarine hinein. Wenn wir stattdessen ein bis zwei Portionen Obst essen und unseren Vitamin- und Nährstoffbedarf mehr durch frisches Gemüse decken würden, hätten wir sicherlich weniger Beschwerden.

Ich selbst kann mich nicht erinnern, in meiner Kindheit so viel Obst angeboten bekommen zu haben, wie das heute bei unseren Kindern der Fall ist. Hier ein Glas Saft, da ein paar Apfelschnitze, eine Schale Brombeeren, einen Früchteriegel hier und ein »Obstquetschi« noch dazwischen. Natürlich sollten wir uns freuen, dass wir solche Obstvielfalt das ganze Jahr über genießen und daraus auswählen dürfen, aber in Maßen, am besten regional und vor allem saisonal! Essen wir im Sommer Beerenfrüchte, im Herbst Pflaumen und Trauben und im Winter gelagerte Äpfel, kommt das auch unserer Umwelt zugute.

Leider ist dies bei einer zusätzlichen Histaminintoleranz so nicht ganz durchführbar, denn gerade Herbst- oder Winterfrüchte wie Zwetschgen, Trauben und Zitrusfrüchte sind dann nicht verträglich. In diesem Fall muss dann doch ein kleiner Kompromiss geschlossen werden. Zum Beispiel im Sommer heimisches Obst und im Winter statt der Zitrusfrüchte ein Stück Apfel, ein paar eingeflogene Physalis oder im Gewächshaus gewachsene Heidelbeeren.

Das Huckepackprinzip

Fructose kann durch das gleichzeitige Vorkommen von Glukose besser aufgenommen werden. Das nennt sich auch Huckepackprinzip. Daher werden Früchte mit einem günstigen Glukose-Fructose-Verhältnis auch besser vertragen. Dies kann man sich zunutze machen, indem man Obst gleichzeitig mit etwas Traubenzucker verzehrt oder beim Backen den Haushaltszucker im Verhältnis 4:1 mit Traubenzucker mischt. (Aber nicht mehr Traubenzucker, sonst bricht der Teig und bleibt sehr feucht.)

Diagnostische Möglichkeiten

Zur Diagnostik der Fructoseintoleranz bietet sich der H2-Atemtest an. Da die Dickdarmbakterien den Fruchtzucker zu H_2 (Wasserstoff) verstoffwechseln, kann dieser nun im Atemtest ermittelt werden. Dieser Test wird beim Gastroenterologen durchgeführt und gibt zuverlässig Klarheit. Begleitend sollte jedoch unbedingt ein Ernährungstagebuch geführt werden. Auch der Besuch bei einer Ernährungsberaterin oder einem Ernährungsberater ist lohnenswert, gerade wenn mehrere Intoleranzen zusammenkommen.

Hilfe in drei Phasen

Zunächst wird ein Drei-Phasen-Programm empfohlen. Es beinhaltet in Phase eins die Fructosekarenz. In den ersten ein bis zwei Wochen soll so der gestresste Darm zur Ruhe kommen.

In der Karenzphase sind folgende Lebensmittel tabu: Zucker, Honig, Sirup (Fructose-Glukose- oder Glukose-Fructose-Sirup), Dicksäfte, Säfte, Smoothies, Früchte und Trockenfrüchte, große Portionen Gemüse, das viel Fructose enthält. Außerdem schwer verdauliche Gemüsesorten mit Mehrfachzuckern (sogenannte FODMAPs) wie Lauch, Kohl und Hülsenfrüchte. Auch Inulin, ein eigentlich sehr gesunder unverdaulicher Mehrfachzucker, kann Beschwerden verursachen und sollte zunächst nicht verzehrt werden. Er ist in Knoblauch, Lauch, Weizen, Topinambur und Zwiebeln enthalten. Dieser Mehrfachzucker verursacht die typischen Blähungen, die so viele Menschen von diesen Lebensmitteln kennen.

In Phase zwei kommt es zur Austestung der verträglichen und später auch der unverträglichen Lebensmittel. Generell sollten Honig, Sirup, Zuckerersatzstoffe (Sorbit usw.) und Obstsorten mit einem ungünstigen Fructose-Glukose-Verhältnis gemieden werden. Inulin kann wieder eingeführt werden und die fünf Portionen Obst und Gemüse am Tag bestehen weiterhin aus ein bis zwei Obst- und drei bis vier Gemüseportionen.

Phase drei ist die Stabilisierungsphase. Jetzt weiß man ungefähr, wieviel Fructose man nüchtern und in einer Mahlzeit verträgt. Auch Lebensmittel, die schwer verdaulich sind, wie Lauch und Hülsenfrüchte, kann man langsam wieder einbauen. Hülsenfrüchte jedoch nicht, wenn eine Histaminintoleranz vorliegt. Außer Haus kann es manchmal hilfreich sein, »Fructaid« oder Traubenzucker mit sich zu führen. Man sollte aber nicht beides gleichzeitig einnehmen.

Kleine Begriffskunde: Welche Zucker gibt es?

Laktose = Milchzucker
Glukose = Traubenzucker
Galaktose = Schleimzucker
Laktose = Glukose + Galaktose (1:1)
Saccharose (Haushaltszucker) = Fructose + Glukose (1:1)
Disaccharid = Zweifachzucker
Oligosaccharid = Mehrfachzucker. Besteht aus 3 bis 9 Einfachzuckermolekülen (Raffinose, Stachyose, Verbascose). Kommt in Hülsenfrüchten wie Erbsen und Bohnen vor und verursacht die typischen Blähungen.
Polysaccharid = Vielfachzucker, d.h. Stärke
Zuckeralkohol: Laktit, Maltit, Mannit, Mannitol, Sorbit, Sorbitol, Xylit. Sorbit befindet sich als Feuchthaltemittel oft in Fertigbackwaren. Manchmal steht leider nur auf der Verpackung »enthält Alkohol«.
Lactase: Enzym zur Aufspaltung von Laktose in Glukose und Galaktose

Laktoseunverträglichkeit

Die Laktoseunverträglichkeit ist ein weitverbreitetes Phänomen, das eine deutliche genetische Komponente hat. In südlichen Ländern vertragen 40 bis 70 Prozent der Bevölkerung keine Laktose und in Asien sind es fast 100 Prozent. Dort gibt es traditionell keinen Milchkaffee oder Käsebrötchen zum Frühstück.

Wie kommt es dazu?
Die Enzymproduktion nimmt im Alter ab, was ebenfalls eine Laktoseunverträglichkeit verursachen kann. Auch eine akute oder chronische Darmerkrankung sowie eine längere Antibiotikaeinnahme kann eine Laktoseintoleranz zur Folge haben. Oft führt auch eine noch nicht diagnostizierte Histaminintoleranz sekundär zu einer Laktose- und Fructoseintoleranz. Der Darm ist schlichtweg überlastet durch das Zuviel an Histamin und schränkt seine weiteren Aufnahmekapazitäten für andere Stoffe ein. Nachdem eine histaminarme Diät die Symptomatik verringert, wird auch manchmal die Laktose- oder Fructoseaufnahme wieder besser.

Da der Dünndarm zu wenig Laktase (das benötigte Enzym) herstellt, gelangt die Laktose in den Dickdarm und wird dort von Bakterien vergoren. Die daraus entstandenen Säuren, Wasserstoff, Kohlendioxid und Methan verursachen die typischen Beschwerden wie Blähungen und Durchfall. Auch Übelkeit, Magengrummeln, Völlegefühl, Mundgeruch, Erbrechen und Verstopfung zählen zu den Symptomen. Ganz gemein sind auch allgemeine Symptome wie Kopfschmerzen, belegte Zunge, Heißhungerattacken, Abgeschlagenheit und Erschöpfungszustände, da sie kein typisches Zeichen einer Nahrungsmittelunverträglichkeit darstellen, sondern auf so ziemlich alles hinweisen könnten. Leider können sich auch psychische Beschwerden wie Depressionen, Konzentrationsstörungen oder Unruhe einstellen.

Diagnostische Möglichkeiten

Da Intoleranzen, allen voran die Laktoseintoleranz, heute schon viel bekannter sind, als es noch vor einigen Jahren der Fall war, ist auch die Diagnose schneller möglich. Laktosefreie Produkte sind heute in jedem Supermarkt erhältlich und fast jeder kennt einen Menschen, der unter Laktoseintoleranz leidet, sodass oft direkt laktosefreie Produkte »mal ausgetestet« werden. Die Verbindung aus Milchkonsum und daraus resultierenden Bauchschmerzen lässt sich auch von Laien erkennen.

Hier kann Laktose enthalten sein

Milchzucker oder Laktose kann sich in vielen fertig zubereiteten Lebensmitteln verstecken, so zum Beispiel in Süßwaren, Eis und Backwaren. Auch in Fertiggerichten, die gar nicht süß schmecken, und in Instant-Erzeugnissen wird er eingesetzt. Sogar Fleisch- und Wurstwaren enthalten oft versteckte Laktose.

Besteht ein Verdacht, erstellt der Hausarzt oder der Gastroenterologe eine Anamnese. Erhärtet diese den Verdacht, wird wie bei Fructoseintoleranz ein H2-Atemtest durchgeführt. Der Patient trinkt eine Laktoselösung und die Atemluft wird im Anschluss über zwei Stunden auf den Wasserstoffgehalt untersucht. Bestätigt sich die Diagnose Laktoseintoleranz, erhält der Patient allgemeine Informationen zur Ernährung ohne oder mit wenig Laktose. Ähnlich wie bei der Fructoseintoleranz kann auch hier ein stufenweises Austesten erfolgen. So machen zum Beispiel 100 ml laktosehaltige Milch im Kaffee auf nüchternen Magen getrunken Bauchschmerzen, während dieselbe Menge in einem Pfannkuchen, der viel langsamer verdaut und aufgenommen wird, keine verursacht.

Glücklicherweise gibt es sehr viele laktosefreie Lebensmittel und man kann aus einer großen Bandbreite geschmacklich einwandfreie Produkte auswählen. Die Produkte lassen sich einfach 1:1 austauschen und man muss sich nicht umständlich an die verträgliche Menge herantasten.

Was kann man tun?

Meines Erachtens ist die einfache Laktoseunverträglichkeit noch die »Beste« unter den Unverträglichkeiten. Es gibt mittlerweile überall laktosefreie Milchprodukte und auch auf den Lebensmittelverpackungen wird auf Milchzucker hingewiesen. Selbst im Urlaub, besonders im Süden, kann auf Laktose problemlos verzichtet werden, da gerade in südlichen Ländern die Menschen keine Laktose vertragen.

Es bietet sich an, den Geschmack laktosefreier Milchprodukte auszuprobieren. Laktosefreie Butter zu kaufen lohnt sich kaum, da ihr Laktosegehalt sowieso sehr gering ist. Selbst Sahne und Joghurt enthalten wenig Laktose. Daher einfach testen, ob auch »normale« Produkte gehen.

Leider macht es die Kombination mit der Histaminintoleranz schwierig. Manchmal, warum auch immer, werden laktosefreie Milchprodukte schlechter vertragen als ganz normale. Daher am besten frische Sahne, Frischkäse und Butter ohne Zusatzstoffe wie Carrageen oder Guarkernmehl kaufen. Gereifter Käse enthält keine Laktose, macht aber bei der Histaminintoleranz Probleme.

Außer Haus kann zunächst versucht werden, das Milchprodukt zusammen mit einem Laktasepräparat zu sich zu nehmen. Beim Kochen und Backen kann Milch durch Pflanzendrinks ersetzt werden (bei gleichzeitiger Histaminintoleranz allerdings kein Sojadrink), Butter durch Öl oder Butterschmalz. Falls nur eine Laktose- und Fructoseintoleranz besteht, können gereifte Käsesorten verzehrt oder es kann auf einen veganen Käseersatz zurückgegriffen werden. Dieser besteht meist aus einer Kokosölbasis. Da oft Farbstoffe enthalten sind, muss er bei einer Histaminintoleranz vorsichtig getestet werden.

Histaminintoleranz

Unter einer Histaminintoleranz, manchmal auch Histaminose genannt, versteht man die Unverträglichkeit von Histamin, welches durch die Nahrung aufgenommen wird. Sie ist nach bisherigen Erkenntnissen nicht angeboren (also genetisch), sondern ein erworbenes Krankheitsbild, das knapp ein Prozent der Bevölkerung betrifft. Davon sind 80 Prozent weiblichen Geschlechts und älter als 40 Jahre.

Histamin ist eine chemische Verbindung, die seit 1911 bekannt ist. Es wird durch Bakterien produziert, die in Nahrungsmitteln mit einem langen Reifungsprozess vorkommen. Je höher die Temperaturen sind, desto schneller vermehren sich die Bakterien, je niedriger, desto langsamer. Das ist für unseren alltäglichen Umgang mit Lebensmitteln sehr wichtig, denn das heißt, dass man Lebensmittel nur gut gekühlt transportieren und Speisen, die einmal erhitzt wurden, nicht noch einmal aufwärmen sollte. Zudem ist Histamin der wichtigste Mediator (Entzündungsstoff) bei allergischen Erkrankungen wie Heuschnupfen und Asthma sowie ein Auslöser von Urtikaria (Nesselsucht).

Natürliche Wirkung von Histamin

Der menschliche Körper produziert Histamin selber, es wirkt gefäßerweiternd und blutdrucksenkend. Außerdem stimuliert es die Magensaftausschüttung, hat Einfluss auf unseren Appetit und unseren Schlaf. Ist nun zu viel dieses Botenstoffs in unserem Körper, sei es durch eine erhöhte Aufnahme über Nahrungsmittel, durch den ungenügenden Abbau im Darm (Mangel des Enzyms Deaminoxidase; DAO) oder durch eine erhöhte Ausschüttung aufgrund von Triggern wie Stress, Hitze, Kälte oder Infekten, kommt es zu unerwünschten Wirkungen wie Kopfschmerzen, laufende Nase, Asthma, Magen-Darm-Beschwerden, niedrigen Blutdruck und Ausschläge.

Das Enzym Diaminoxidase wird zum großen Teil in der Darmschleimhaut produziert und besitzt die Fähigkeit, Histamin abzubauen. Weitere Bildungsstätten sind die Niere, die Leber, weiße Blutkörperchen und bei Schwangeren die Plazenta. Das ist auch der Grund, warum eine Histaminintoleranz in der Schwangerschaft verschwindet. Ein Ungleichgewicht zwischen Histamin und der Diaminoxidase ist letztendlich für die Histaminintoleranz verantwortlich.

Unspezifische Symptome

Eine Histaminintoleranz ist sehr schwer zu diagnostizieren, da ihre Symptome so vielfältig, unspezifisch und unterschiedlich ausgeprägt sein können. Meist tritt eine Histaminintoleranz nicht schlagartig auf, sondern schleichend über einen gewissen Zeitraum. So können sich nach und nach »unspezifische« Symptome zeigen. Zunächst ein Magengrummeln, dann eine laufende Nase, hier mal ein Völlegefühl oder Schlafstörungen und später immer mehr Beschwerden, die immer noch kein Anzeichen einer Erkrankung bieten. Oft vermutet man Stress oder Belastung als Ursache der Beschwerden. Das ist teilweise sogar richtig, da auch Stress Histamin freisetzen kann. Im Gegensatz zu den anderen Intoleranzen ist Stress wohl einer der Hauptgründe für eine neu auftretende Histaminintoleranz.

Diagnostische Möglichkeiten

An oberster Stelle steht eine umfangreiche Anamnese, also ein Gespräch, in dem die Ernährungsgewohnheiten, die Symptome und Beschwerden abgefragt werden. Es werden Symptome abgefragt wie Rotweinunverträglichkeit, Migräne, laufende Nase nach dem Essen, Lidschwellungen, Asthma, Durchfall und niedriger Blutdruck (Hypertonie) – quasi Allergiesymptome ohne Allergie.

Zur Bestimmung von Histamin und der DAO können Bluttests abgenommen werden. Anschließend erfolgt eine histaminfreie Diät über zwei Wochen (Weglass-Versuch) und die erneute Blutabnahme. Außerdem gibt es Urin- und Stuhluntersuchungen.

Zum Ausschluss anderer Magen- und Darmerkrankungen können ein Atemtest sowie eine Magen-Darm-Spiegelung durchgeführt werden. Steht die Diagnose Histaminunverträglichkeit fest, gilt es, alle Lebensmittel, die Histamin oder biogene Amine enthalten oder als Histaminliberatoren fungieren, auszusortieren.

Sie sollten bei einer histaminfreien Ernährung für zwei Wochen nicht verzehrt werden. Daraufhin müssten sich die Beschwerden gebessert haben. Folgeerkrankungen

Biogene Amine und Histaminliberatoren

Viele Nahrungsmittel enthalten dem Histamin ähnliche Stoffe, die biogenen Amine. Sie heißen z. B. Tyramin, Phenylethylamin, Putrescin, Cadaverin, Spermin oder Spermidin. Manche Nahrungsmittel wie Schokolade enthalten nur biogene Amine und gar kein Histamin, können aber trotzdem Probleme verursachen.
Oft kommen sie auch noch gemeinsam mit Histamin vor, haben eine ähnliche Wirkungsweise und behindern seinen Abbau.
Histaminliberatoren sind Amine, die aus histaminhaltigen Zellen Histamin freisetzen. Zu ihnen gehören Cadaverin, Spermin und Spermidin. Typische Histaminliberatoren sind Erdbeeren und Zitrusfrüchte. Ein Großteil der Mastzellen, die Histamin enthalten, sitzen in der Bronchialschleimhaut, was das Auftreten von Asthma erklärt.

Liste der häufigsten Symptome, Beschwerden und Folgeerkrankungen

Magen-Darm-Bereich
Übelkeit, Magenschmerzen, Völlegefühl, Bauchgrummeln, Erbrechen, Obstipation, Durchfall, Blähungen, Aufstoßen

Atemwege
laufende Nase, trockene Schleimhäute, Reizhusten, Kloß im Hals, Asthma

Allgemeine Symptome
Kopfschmerzen, Migräne, Heißhungerattacken, Menstruationsschmerzen, ständiges Krankheitsgefühl

Chronische Belastung
Mangelerscheinungen, erhöhte Infektanfälligkeit, Gelenkschmerzen, Gliederschmerzen, Schlafstörungen

Psychische Beschwerden
Erschöpfungszustände, Antriebslosigkeit, eine Art »Burn-out«, Unruhe, Gereiztheit, Depression

Außerdem
Urtikaria

wie zum Beispiel Asthma verschwinden jedoch nicht so schnell. Erweist sich diese Diät als zielführend, kann man nach und nach versuchen, die eigene Toleranzschwelle auszutesten.

Die häufigsten Auslöser von Beschwerden sind:

- Alkoholische Getränke, vor allem Rotwein
- Käse, insbesondere Hartkäse wie Emmentaler oder Parmesan
- Schokolade
- Rohwürste, Salami, roher Schinken
- Nüsse
- Fisch
- Tomaten, Sauerkraut, Spinat
- Zitrusfrüchte, Kiwis, Erdbeeren

Listen von unverträglichen Lebensmitteln findet man im Internet*. Die in der Fußnote empfohlene Liste ist sehr lang und nicht alles trifft auf den Einzelnen zu. Außerdem erschrickt man bei dieser Ausführlichkeit leicht und könnte den Eindruck bekommen, man könne quasi gar nicht mehr essen, was einem früher geschmeckt hat. Daher würde ich zunächst alles rot markierte aussortieren und die Lebensmittel, die grün leuchten, weiteressen und alles, was »mittel« verträglich oder individuell ist, nacheinander durchprobieren.

Überleg dir gut, welche Lebensmittel in der eigenen Küche nicht fehlen dürfen oder schlecht zu ersetzen sind. Bei mir sind das zum Beispiel Lauch oder Frühlingszwiebeln. Der grüne Teil geht problemlos. Als die Fructoseintoleranz bei mir begann, dachte ich, Lauch sei für mich nicht verträglich, bis ich feststellte, dass es lediglich der Speck im Lauchgemüse war! Damals ahnte ich noch nichts von meiner Histaminintoleranz.

* mastzellaktivierung.info (Zugriff 02.08.2021), unter Downloads können Sie die ausführliche Lebensmittelliste herunterladen.

Weitere Unverträglichkeiten: Gluten und FODMAPs

Obwohl weder ich noch meine Familie betroffen sind, möchte ich an dieser Stelle auf zwei weitere Intoleranzen und Unverträglichkeiten eingehen, die häufiger vorkommen.

Gluten

Die »**Nicht-Zöliakie-Glutensensitivität**« ist weit verbreitet und die Gründe hierfür sind noch nicht abschließend geklärt. Vermutlich sind neben Gluten auch andere Getreidebestandteile für die Symptome verantwortlich. Die Häufigkeitsangaben variieren, demnach ist in Deutschland jeder zwei- bis dreihundertste betroffen.

Eine **Glutenunverträglichkeit** wird auch Zöliakie oder Sprue genannt. Sie ist weniger eine Allergie und mehr eine entzündliche Autoimmunerkrankung mit einer Häufigkeit von 1:250, wobei nur 10 bis 20 Prozent das Vollbild zeigen. Sie kann in jedem Alter auftreten, meist aber im ersten Lebensjahr und zwischen 35 und 45 Jahren.

Symptome Bei einer Glutensensitivität kann die ganze Palette der Magen-Darm-Beschwerden auftreten. Sie ähnelt vor allem dem Reizdarmsyndrom. Bei einer Zöliakie dagegen zeigen sich zwar ebenfalls Beschwerden wie Durchfall, Verstopfung, Blähungen, Bauchkrämpfe und gelegentlich sogar Darmblutungen, sie wird jedoch noch von einer Veränderung der Darmzotten begleitet, was eine Mangelernährung zur Folge haben kann. Aber auch allgemeine Symptome wie Kopfschmerzen, Unwohlsein, Müdigkeit und Nervosität werden beschrieben. Bei Kindern tritt eine Gedeihstörung ab dem Zeitpunkt der Zufütterung mit Getreidebreien auf.

Diagnose Zunächst ist auch hier das Ernährungsprotokoll sehr wichtig. So lassen sich die Bauchschmerzen besser auf Brötchen und Nudeln zurückführen, während eine Kartoffel-Reis-Diät keine Beschwerden verursacht.

Da eine Glutenunverträglichkeit bzw. Zöliakie die Unverträglichkeit von Klebereiweiß ist, erfolgt die Diagnose mittels einer Antikörperbestimmung gegen Gluten im Blut. Meistens wird im Anschluss eine Magen-Darm-Spiegelung durchgeführt, bei der eine Gewebeprobe genommen wird. Liegt eine Zöliakie vor, erkennt man das an der veränderten Darmschleimhaut. Kann eine Zöliakie ausgeschlossen werden, finden sich also keine Darmveränderungen und Antikörper, kann von einer Glutensensitivität ausgegangen werden.

Was kann man tun? Die Therapie ist bei Zöliakie und Glutensensitivität ähnlich. Sie besteht letztendlich darin, die unverträglichen Nahrungsmittel wegzulassen. Da sich die Dünndarmzotten im Gegensatz zur Zöliakie bei einer Glutensensitivität nicht verändern, ist es aber nicht so »schlimm«, wenn ab und zu mal Lebensmittel gegessen werden, die dem Darm nicht so gut bekommen. Es ist auch möglich, dass man nach einer gewissen Karenzphase manche Lebensmittel wieder verträgt. Bei der Zöliakie können sich bei der Einhaltung einer lebenslangen Diät die Dünndarmveränderungen wieder zurückbilden.

Gluten ist in bestimmten Getreidesorten in unterschiedlicher Menge enthalten: Weizen, Roggen, Gerste, Dinkel, Grünkern, Emmer, Urkorn, Kamut und Triticale. Auch Getreideprodukte wie Bulgur, Couscous oder Grieß müssen gemieden werden, sofern sie aus einer dieser Getreidarten hergestellt sind. Hafer ist zwar glutenfrei, in Haferflocken kann aber verarbeitungstechnisch bedingt auch Gluten enthalten sein. Glutenfreie Getreide oder Stärkelieferanten dagegen sind beispielsweise Amaranth, Buchweizen, Chia-Mehl, Erdmandeln, glutenfreie Haferflocken, Hanf/-mehl, Hirse, Kartoffeln, Kokosnuss, Mais, Maronen, Quinoa, Reis, Süßkartoffeln, Tapioka/-stärke und Teff. Werden die unverträglichen Getreidesorten gemieden und durch verträgliche Sorten ersetzt, ist eine ausgewogene Ernährung auch mit einer Glutenunverträglichkeit möglich.

Zusätzlich kann bei der Glutenunverträglichkeit auch eine sekundäre Laktoseunverträglichkeit oder eine Fructoseunverträglichkeit auftreten. Diese sekundären Intoleranzen bilden sich nach Regeneration der Darmzotten meistens wieder zurück.

FODMAPs

Auch unspezifische Reaktionen auf die u.a. in Getreiden enthaltenen FODMAPs (Fermentierbare Oligosaccharide Disaccharide Monosaccharide And Polyole), das sind schwer absorbierbare, fermentierbare Nahrungsbestandteile aus einer Gruppe von Zuckern, könnten für Darmbeschwerden ursächlich sein. FODMAPs kommen in Weizen, Hülsenfrüchten, Milchprodukten, Früchten und Zuckeralkoholen vor. Schließlich wissen doch viele Menschen, dass z.B. Lauch, Zwiebeln und Bohnen Blähungen verursachen können.

Symptome Bei einer Reaktion auf FODMAPs werden die Beschwerden oft als Reizdarmsyndrom zusammengefasst. Diese zeigen sich als Bauchschmerzen, Druck- und Völlegefühl, Blähungen sowie Stuhlveränderungen und können auf Gasbildung bzw. Dehnungen des Darmes zurückgeführt werden, da sich entweder vermehrt Wasser einlagert oder Nahrungsbestandteile vergoren (fermentiert) werden.

Diagnose Um zu der Diagnose Reizdarmsyndrom oder zu der FODMAP-Diagnose zu kommen, muss ein sehr exaktes Ernährungs- und Beschwerdetagebuch geführt werden. Die Mitarbeit des Patienten ist ausschlaggebend für den Erfolg der Therapie.

Was kann man tun? Zunächst alle FODMAP-haltigen Lebensmittel für 4 bis 6 Wochen weglassen, woraufhin sich die Beschwerden bessern müssten. Nach einer Ruhephase für den Darm können individuell verträgliche Mengen ausgetestet werden. Hülsenfrüchte besitzen wertvolles Eiweiß, B-Vitamine und Isoflavone und sind, ebenso wie Zwiebelgewächse und inulinhaltige Lebensmittel, sehr gut für den Körper und unser Darmmikrobiom. Fructosesirup zum Süßen oder Sorbit als Feuchthaltemittel benötigen wir nicht!

Weitere Unverträglichkeiten: Sorbit und Milcheiweiß

Auch diese beiden Nahrungsbestandteile können Probleme bereiten. Vielleicht hilft dir diese kleine Übersicht bei der Identifizierung von Unverträglichkeiten in deiner Familie.

Sorbit

Für viele Betroffene mit einer Fructoseunverträglichkeit ist auch das Thema Sorbit zumindest am Anfang wichtig. Der Zuckeraustauschstoff wird gerne eingesetzt, weil er nicht die Kalorien von Haushaltszucker besitzt. In natürlicher Form kommt er in Steinobst wie Kirschen, Pflaumen, Nektarinen, Pfirsichen und Mango vor, außerdem in Brombeeren und vor allem in Trockenfrüchten. Er ist in Arzneimitteln, kalorienreduzierten Bonbons, Kaugummis und vielen Light-Produkten zu finden und wird in der Lebensmittelindustrie zudem als Süßungsmittel, Emulgator, Feuchthaltemittel oder Füllstoff verwendet. Der künstliche Zusatzstoff wird unter E 420 geführt und auf Lebensmittelverpackungen so deklariert. Manchmal heißt es im Kleingedruckten leider nur »enthält Alkohol«, da das »natürlicher« klingt als E 420. Sorbit gilt generell als unbedenklich, kann aber bei Gesunden in größerer Menge abführend wirken.

Symptome Die Symptome ähneln denen einer Fructoseunverträglichkeit: Blähungen, Bauchschmerzen besonders im Unterbauch, Darmgeräusche, Aufstoßen und Durchfälle. Sie treten je nach verzehrten Nahrungsmitteln ein bis zwei Stunden oder erst sechs bis 24 Stunden nach dem Essen auf. Dazu kommt, dass Sorbit den Fructosetransporter im Dünndarm hemmt und eine bestehende Fructoseunverträglichkeit verschlechtern kann. Daher muss zumindest zu Beginn der Diagnostik auch bei einer Fructoseunverträglichkeit Sorbit konsequent gemieden werden. Da Sorbit aus einigen Fructosemolekülen aufgebaut ist, sorgt es für noch mehr Fructose im Darm.

Diagnose Die Diagnostik erfolgt über den H2-Atemtest. Nach Diagnosesicherung sollte zunächst komplett auf Sorbit verzichtet werden. Nachdem der Darm sich wieder beruhigt hat, kann die persönliche Toleranzgrenze ausgetestet werden. Dazu ist es wiederum hilfreich, ein Ernährungsprotokoll zu führen oder sich bei einer Ernährungsberatung Hilfe zu holen.

Was kann man tun? Da ich am Anfang auch Sorbit vermieden habe, kam ich viel schneller mit meiner Fructoseintoleranz zurecht. Ich habe recht früh festgestellt, dass ich durchaus zwei Esslöffel Apfelmus zu meinen Pfannkuchen essen konnte, aber auf gar keinen Fall am selben Tag noch Kaugummis. Zunächst testet man sich in 100-Gramm-Schritten an Fructose- und sorbitarme Früchte heran, dann an Früchte mit mehr Fructose (über 7 Gramm pro 100 Gramm Frucht) und zuletzt auch an Obst mit einem höheren Sorbitgehalt.

Milcheiweiß

Milch zählt zu den acht häufigsten Auslösern von Lebensmittelallergien. In Europa sind zwei bis drei Prozent alle Säuglinge und Kleinkinder und etwa ein Prozent der Erwachsenen betroffen. Eine Milcheiweißallergie ist im Gegensatz zu Unverträglichkeiten eine »klassische« Nahrungsmittelallergie, das heißt, das Immunsystem reagiert auf einen bestimmten Anteil der Milch. Kuhmilcheiweiß besteht aus den beiden Bestandteilen Kasein und Molkeneiweiß, daher kann man entweder unter einer Molkeneiweiß-, einer Kaseinallergie oder der Kombination aus beiden leiden. Molke ist relativ hitzeinstabil und wird ab ca. 77 °C zerstört, sie flockt dann aus. Molkeneiweißallergiker vertragen daher hocherhitze Milch wie H-Milch. Da Molke artspezifisch ist, werden Ziegen-, Schafs- oder Stutenmilch auch oft vertragen. Wer allerdings allergisch auf Kasein ist, muss alle Milchprodukte meiden. Kasein ist nicht artspezifisch und zudem hitzestabil bis 120 °C, es kann also auch nicht auf Schafs- oder Ziegenkäse ausgewichen werden.

Symptome Die allergischen Beschwerden können unmittelbar nach dem Verzehr oder auch Tage später auftreten. Diese sind: Kribbeln, Juckreiz, Schwellung der Schleimhäute sowie Magen-Darm-Beschwerden, also die ganze Symptompalette bis zum allergischen Schock.

Diagnose Die Diagnose erfolgt wie bei den anderen Allergien oder Intoleranzen über die Selbstbeobachtung und das Führen eines Ernährungsprotokolls. Es wird zum »Auslass-Versuch« über zwei bis vier Wochen geraten, bei dem es zur deutlichen Reduktion der Symptomatik kommen sollte. Im Anschluss wird ein Allergie-Test durchgeführt. Zusätzlich können IgE-Antikörper über eine Blutuntersuchung nachgewiesen werden. Selbst bei einer Allergie lässt sich eine Toleranzgrenze austesten, diese sollte jedoch aufgrund der allergischen Komponente nur bei einem Arzt gemacht werden.

Was bedeutet das für die Praxis? Während Molke-Allergiker Ausweichmöglichkeiten haben, müssen bei einer Kaseinallergie alle Milchprodukte gemieden werden. Wenn die Allergie nicht so stark ausgeprägt ist, ist es manchmal möglich, Butter und Sahne zu verzehren, da diese Eiweiße dort nur in kleiner Menge vorkommen. Da Milch eine sehr gute Eiweiß- und Kalziumquelle darstellt, muss unbedingt nach einem geeigneten Ersatz gesucht werden. Es kann auch vorkommen, dass Milchprodukte schlecht vertragen werden, obwohl keine Allergie vorliegt. Den Betroffenen kann es dann ohne Milchprodukte besser gehen. Um das auszuprobieren, lohnt es sich, einmal zwei Wochen lang auf Milchprodukte zu verzichten.

So klappt es in unserer Familienküche

Eine Nahrungsumstellung funktioniert nicht von heute auf morgen, aber vielleicht hilft das Buch, mit der neuen Situation schneller zurechtzukommen.

Willkommen in unserer Familienküche

Bevor es richtig losgeht, möchte ich dir anhand unseres Familienalltags einmal zeigen, wie sich die Mahlzeiten auch »frei von« gestalten lassen.

Morgens

Da ich nicht jeden Tag arbeite, nehme ich mir mittlerweile bewusst Zeit, mein Frühstück zu genießen. Ich merke nämlich sofort, wenn es zu stressig wird, dass dies meiner Histaminintoleranz nicht gut bekommt. Daher decken die großen Jungs abends schon den Frühstückstisch, damit wir morgens alle etwas entspannter starten können.

Direkt nach dem Aufstehen trinke ich ein großes Glas warmes Wasser, um den Flüssigkeitsverlust von der Nacht wieder auszugleichen. Außerdem atme ich danach bewusst zwei Minuten aus und ein, um durch die tiefe Bauchatmung Stresshormone zu senken. Das wirkt bei mir zuverlässig, hat eine belebende Wirkung und ich kann dir wärmstens empfehlen, es einmal auszuprobieren.

Zum Frühstück esse ich am liebsten Toast (Seite 56) oder selbstgebackene Dreikornbrötchen (Seite 8) . Falls ich kein frisches Toastbrot im Küchenschrank habe, backe ich für mich und meine Familie Brötchen aus dem Gefrierschrank auf. Meinen Toast oder das Brötchen belege ich gerne mit gekochtem Schinken, Frischkäse mit einem Klecks Heidelbeerkonfitüre oder selbst gemachtem Mandelmus. Am Wochenende gibt es immer Rührei oder weichgekochte Eier. Wenn auch du oder deine Familienmitglieder wegen der Intoleranzen wie ich nur wenig Milchprodukte essen können, ist es wichtig, regelmäßige Eiweißportionen über den Tag verteilt zu essen.

Die Kinder futtern ihr Brötchen entweder mit Honig, Marmelade, einer Schoko- oder Mandel-Nuss-Creme (Seite 56). Wenn es morgens schnell gehen soll, essen sie ein Blitz-Porridge (Seite 55) und nehmen das Brötchen oder den Toast als Sandwich mit in die Schule (und während des Homeschoolings mit in ihr Zimmer!).

Dazu trinke ich einen Espresso mit aufgeschäumtem Haferdrink und etwas selbstgemachtem Kaffee-Gewürz (Seite 46) oder Zimt auf dem Schaum. Auch ohne Milch ist das ein echter Kaffee-Genuss, den ich dir sehr empfehle. Für die großen Jungs gibt es im Winter einen heißen Kakao und im Sommer eher eine kalte Milch oder einen Smoothie.

Sohn Nummer drei trinkt Haferdrink wie ich, da er Kuhmilch nicht verträgt.

Zwischendurch

Da ich tagsüber »gerne vom Fleisch falle«, brauche ich immer einen Snack griffbereit. Mein Tipp: Führe immer eine Box mit Haferkeksen oder Müsliriegeln in der Handtasche spazieren! Ich habe mir das vor Jahren schon angewöhnt. So komme ich auch nicht in die Verlegenheit, beim Bäcker etwas zu kaufen, was mir dann doch nicht bekommt.

Mittags

Bis auf manche Tage, an denen ein Kind mittags Schule hat, können wir glücklicherweise alle zusammen Mittag essen. Diese Zeit zwischen 13 und 14 Uhr ist ein wichtiger Anker im Tagesablauf, da wir erstens schön zusammen essen und zweitens auch alles besprechen können, was so ansteht. Auch die kurze Ruhepause mit einem (für mich entkoffeiniertem) Espresso und unserem »Mittagsschokolädchen« hat einen festen Platz in unserem Alltag. Auch hier versuche ich, bewusst mit geschlossenen Augen fünf Minuten zu atmen und so »runterzukommen« – Nachahmen wärmstens empfohlen! Da jeder in unserer Familie ein Lieblingsessen hat, muss selbstverständlich regelmäßig abgewechselt werden. Bei Sohn drei sind es Pfannkuchen (Seite 66) und Gnocchi (Seite 95), Sohn zwei isst aus Tierliebe nur wenig Fleisch und genießt daher seine Fleischgerichte und Sohn eins könnte quasi täglich Schupfnudeln (Seite 110) , Spätzle (Seite 108) oder Maultaschen (Seite 109) essen. Für mich muss immer ein Gemüse mit am Start sein, entweder als Salat oder gekocht, und ich achte auch darauf, dass alle ihre fünf Portionen Obst und Gemüse bekommen. Ein Gericht, das allen schmeckt, sind Hackbällchen mit Ofenkartoffeln (Seite 9) und einem Dip.

Abends

Abends essen wir hauptsächlich warm. Im Winter gibt es mal eine wärmende Suppe, im Sommer einen frischen Salat, dazu geröstetes Brot und eine Eiweißquelle wie Putenstreifen (für die Kinder Würstchen), Eier oder Käsewürfel. Ansonsten koche ich uns sehr gerne Pasta, die abends schnell fertig ist, zum Beispiel Spaghetti Carbonara (Seite 9).

Brot oder Brötchen essen wir als Abendessen nur zwei bis drei Mal pro Woche, da mir durch die Histaminintoleranz bedingt ein bisschen die Abwechslung auf meinem Brot fehlt. Als Brotbelag gehen bei mir nur gekochter Schinken, Frischkäse und ab und an eine Scheibe Butterkäse oder ein Ei. Am Wochenende bereite ich auch Aufstriche zu, aber oft koche ich dann lieber gleich »richtig«, da ich ja zusätzlich selbst backe. Irgendeinen Teig bereite ich fast täglich zu: für Brot oder Brötchen, Muffins, Kekse, Kuchen oder Cracker. Es empfiehlt sich wirklich, sich die Zeit zu nehmen, denn im Laden ständig das Kleingedruckte zu lesen, nervt auf Dauer.

Ein Neuanfang mit Intoleranzen

Positiv denken hilft: Welche Lebensmittel sind trotz der Intoleranzen noch immer möglich?

Ich empfehle dir, zuallererst eine »Positivliste« zu erstellen. Als mir selber klar wurde, dass ich einige meiner sehr geliebten Lebensmittel und Speisen von jetzt an nicht mehr essen konnte, machte ich mir so eine Liste. Rein psychologisch gesehen fand ich es nämlich ziemlich niederschmetternd, nur solche Listen zu lesen, die mir aufzeigten, was ich alles nicht mehr essen konnte. So schrieb ich meine Lieblingsgerichte und die Lebensmittel auf, die ich wirklich gerne mag, mein Soulfood sozusagen. Für diese Gerichte versuchte ich, einen guten Ersatz zu finden. So ist auch dieses Buch entstanden. Mein Lieblingsessen neu vertont!

Wenn ich es manches Mal nicht geschafft habe, das Original zu erreichen, stellte ich mir während des Zubereitungsprozesses schon mal einen Teil des Essens vorab beiseite und kochte es in ein bis zwei Arbeitsschritten für meine Familie zu Ende. So hatten die vier ihr fast »normales Gericht«, ich etwas gut Bekömmliches und nicht einen frustrierenden Abklatsch meiner Leibspeisen.

Nährstoffsubstitution

Wenn Lebensmittel oder ganze Lebensmittelgruppen wegfallen, kann es an manchen Nährstoffen knapp werden. Dann ist es wichtig, diese Nährstoffe entweder durch Nahrungsergänzungsmittel oder durch gezielte Auswahl und Kombination bestimmter Lebensmittel aufzunehmen.

Kalzium

Wir brauchen jeden Tag ca. 1000 mg Kalzium über den Tag verteilt und im Winter zusätzlich Vitamin D. Ich nehme meistens 500 mg als Nahrungsergänzungsmittel ein, da ich den Rest über mit Kalzium angereicherten Haferdrink, grünes Gemüse (wie Brokkoli), Mandeln und in ganz geringen Mengen über Käse bekomme. Bei Pflanzendrinks auf den Zusatz von Kalzium achten! Meistens enthalten diese Drinks so viel Kalzium wie Kuhmilch.

Eiweiß

Der Mensch braucht ca. 1 Gramm Eiweiß pro kg Körpergewicht. Bei meinen drei Intoleranzen muss ich schon gut rechnen, um auf meine 55 Gramm zu kommen. Da mir anfangs noch nicht klar war, warum ich laktosefreie Milch- und Käseprodukte plötzlich nicht mehr vertrug, ließ ich sie weg. Ein Jahr lang habe ich mich ohne Milchprodukte ernährt. Das führte, in Kombination mit meinem ständigen Völlegefühl, wohl auch zu meiner Gewichtsabnahme. Gerade Käse und Milch haben schön viel Eiweiß, das auch noch gut schmeckt.

Nachdem meine Histaminintoleranz diagnostiziert wurde, fielen auch noch die Sojaprodukte und weiteren Hülsenfrüchte weg. Somit blieben als eiweißreiche Lebensmittel nur Fleisch- und Wurstwaren, Eier, etwas Fisch (der von Haus aus histaminreich ist) und Nüsse. Daher esse ich etwa 80 Gramm Fleisch (das wären ca. 20 Gramm Eiweiß) pro Tag und das ist wirklich nicht viel. Außerdem essen wir, da einer unserer Söhne aus Tierliebe wenig Fleisch isst, relativ viele Eier und Eierspeisen wie Waffeln, Pfannkuchen und Kuchen. Gemüse und Getreide enthält zwar auch pflanzliches Eiweiß, aber davon müsste man schon eine sehr große Menge zu sich nehmen, um auf die empfohlene Tagesmenge zu kommen. Ganz wichtig ist auch die Kombination pflanzlicher Eiweiße. Also nicht Haferflocken mit Hafermilch, sondern Hafer- und Dinkelflocken mit Reismilch, 1 TL Mandelmus, ein paar Hanfsamen und ein paar Kokosraspeln.

Vitamine

Vitamine sind essenzielle Nährstoffe, die im Körper verschiedene Aufgaben erfüllen. Man unterscheidet zwei Gruppen: Fettlösliche Vitamine wie A, D, E und K und die wasserlöslichen Vitamine der B-Gruppe und Vitamin C.

Vitamin C ist bei einer gemüsereichen Ernährung kein Problem. Vitamin D spielt eine Rolle bei der »Nutzung« von Kalzium und wird durch die Sonneneinstrahlung in unserer Haut gebildet. Da wir uns hauptsächlich drinnen aufhalten, im Sommer Sonnenschutzmittel verwenden und im Winter die Sonneneinstrahlung in unseren Breiten geringer ist, kann leicht ein Mangel entstehen. Daher wird oft empfohlen, im Winter Vitamin D zu substituieren, oft in Kombination mit Kalzium und Vitamin K.

Vitamin E hat antioxidative Wirkung und schützt uns vor freien Radikalen. Es ist in Vollkorngetreide, Eiern, Nüssen, Samen und Kernen vorhanden. B-Vitamine kann der Körper nur schlecht einlagern. Sie stecken in vielen Lebensmitteln wie Vollkorngetreide, Nüsse, Samen, Eier, proteinhaltigen Lebensmitteln wie Fleisch und Fisch sowie in grünem Blattgemüse. Bei einer streng veganen Ernährung kann sich ein Vitamin-B_{12}-Mangel manifestieren, da diese nur in tierischen Produkten vorkommt.

Ich würde immer die eher hochpreisigen Produkte aus der Apotheke empfehlen, denn diese enthalten meistens Pflanzenextrakte bzw. Nährstoffe aus diesen und sind damit »natürlicher« als synthetisch hergestellte Vitamine. Bei mir zum Beispiel verschlechtert sich das Asthma, wenn ich »künstliche« Ascorbinsäure einnehme.

Lebensmittelauswahl zusammenstellen

Ich möchte dir dazu raten, die Lebensmittel in deiner Küche einmal ganz genau anzusehen und alles das auszuräumen, was du oder deine Familienmitglieder nicht mehr essen können. Fang beim Gewürzregal an, geh über zum Tee, dann zu den Konserven, den Pflanzendrinks, Essig und Öl, dem Getreide, Müslimischungen und Nüssen. Lebensmittel oder Süßigkeiten, die Familienmitglieder ohne Intoleranzen gerne essen, darfst du natürlich behalten. Es macht aber keinen Sinn, ein Öl im Schrank zu horten, das nur ranzig wird. Ich habe einer ganz lieben Freundin ein großes Paket meiner ungeöffneten, aber für mich unverträglichen Lebensmittel vorbeigebracht.

Die aufgezählten Lebensmittel sind bei allen drei Intoleranzen – Laktose, Fructose und Histamin – verträglich, wenn nicht anders genannt.

Gemüse

Salate (Eisberg-, Feld- und Romanasalat, Radicchio, Zuckerhut, Chicorée), Blumenkohl, Brokkoli, Fenchel, Salatgurke, Gemüsepaprika gelb und grün (roter Paprika enthält etwas mehr Fructose, das muss man ausprobieren), Kartoffeln (mehrere Sorten testen, denn sie schmecken alle unterschiedlich), Knollensellerie, Kürbis, Lauchzwiebeln (grüner Teil), Lauch (grüner Teil), Mais, Möhren, Pak Choi, Pastinaken, Petersilienwurzeln, Rhabarber, Rosenkohl, Rote Bete, Rotkohl (frisch, nicht gesäuert), Zucchini, Zuckermais. Bei einer alleinigen Fructoseintoleranz sind auch Hülsenfrüchte möglich, es sei denn, die Bal-

Hilfe für den Notfall

Es lässt sich nicht vermeiden, dass man mehr problematische Lebensmittel gegessen hat, als individuell verträglich ist – entweder unbewusst, weil es in einer fertigen Zubereitung versteckt war, aus Unbedachtheit oder einfach, weil es zu verlockend war. In solchen Notfällen helfen verschiedene Hausmittel und Präparate.
Bei Blähungen und Bauchgrummeln ist ein Fenchel-Anis-Kümmel-Tee wirksam. Blähungen lassen sich ebenfalls durch entschäumende Medikamente lindern. Im Falle einer Laktoseunverträglichkeit helfen Laktasekapseln, bei einer Fructoseunvertäglichkeit Fructaid (beide vor dem Essen einnehmen), bei Histaminintoleranz Daosin und Antihistaminika. Viel (stilles) Wasser trinken wird besonders bei Histaminintoleranz empfohlen.

laststoffe machen einem am Anfang noch zu schaffen, außerdem Pilze und Radieschen.

Obst

Aprikosen, Brombeeren, Cherimoya, Granatäpfel, Hagebutten, Heidelbeeren, Honigmelonen, Kakis (unter 100 Gramm), Kaktusfeigen, Kirschen, Mangos, Mirabellen, Nektarinen, Maracujas, Pfirsiche, Physalis, Quitten, Reineclauden, Stachelbeeren, Galia-, Zucker- oder Wassermelonen. Wenn nur eine Fructoseintoleranz vorliegt, sind außerdem weiße Johannisbeeren, Kiwis, Zitrusfrüchte, Papayas, Pflaumen und Zwetschgen verträglich. Bei einer alleinigen Laktoseintoleranz gibt es keine Einschränkungen.

Milchprodukte

Bei einer Kombination aus Histamin- und Laktoseintoleranz können frische oder pasteurisierte laktosefreie Milch, laktosefreier Quark und Frischkäse gegessen werden (in geringen Mengen geht auch normaler Frischkäse, z. B. 1 TL Frischkäse aufs Brot. Achtung Zusatzstoffe!). Außerdem nur wenig gereifter Käse wie Butterkäse, junger Gouda, Mozzarella und Feta. Besteht nur eine Laktoseintoleranz, kann aus der ganzen Breite der laktosefreien Milchprodukte ausgewählt werden, die mittlerweile sehr groß ist. Viele Milchprodukte, die kaum Zucker enthalten (steht auf der Verpackung), haben auch natürlicherweise keine Laktose. So ist zum Beispiel in gereiftem Käse der Milchzucker bereits abgebaut. Hat man »nur« eine Fructoseintoleranz, darf man natürlich sämtliche Milchprodukte genießen.

Eier

Eine Studie beweist, dass gekochtes Hühnereiweiß kein Histaminliberator ist. D. h., Backwaren mit Ei sowie Eierteigwaren werden bei Histaminintoleranz durchaus vertragen. Bei rohem Hühnereiweiß können von Person zu Person unterschiedliche Reaktionen auftreten. Bei Laktose- und Fructoseunverträglichkeit sind sie kein Problem.

Fleisch und Wurstwaren

Frisches Fleisch, Frischwurst und gekochter Schinken werden bei einer Histaminintoleranz gut vertragen. Bei einer reinen Laktoseintoleranz können Wurstwaren problematisch sein, daher auf die Inhaltsstoffe achten, ob Milchzucker verwendet wurde. Bei einer Fructoseintoleranz machen manchmal die zugesetzten Würzmittel auf Zwiebel- und Knoblauchbasis Probleme.

Ausnahmen/Meiden: geräucherte oder gepökelte Wurst, abgehangenes Fleisch (Rindfleisch ist meist abgehangen; beim Metzger beraten lassen)

Fisch

Fangfrischer oder TK-Fisch. Auf das Produktionsdatum achten!

Ausnahmen/Meiden: Hering, Matjes, Sardellen, Sardinen, Thunfisch, Krebse, Muscheln, panierter TK-Fisch

Getreide/ Grieß/ Flocken

Es ist kein Problem, einzelne Mehlsorten zu mischen, und so verwende ich meistens eine Kombination aus Weizen und Dinkel (3:1). Auch Hafer- oder Roggenmehl kann verwendet werden.

Mein Soulfood

laktose-, fructose- und histaminarm

Lass dich von meiner Soulfood-Liste inspirieren, wie du deine Lieblingsgerichte oder die von anderen betroffenen Familienmitgliedern abwandeln kannst.

Statt Milchkaffee

Espresso – nach mehreren histaminreichen Tagen (z. B. durch Stress) auch entkoffeiniert – mit aufgeschäumtem Haferdrink mit Kalzium und selbst gemachtem Kaffee-Gewürz (S. 46).

Statt Körnerbrötchen mit Hartkäse

helles, nicht mehr frisches Brötchen (ohne Weizenkeimlinge oder -mehl bzw. Gerstenmalz) mit Frischkäse (ohne Verdickungsmittel), gekochtem Schinken oder Butterkäse.

Statt Apfelstrudel mit Rosinen und Walnüssen

Strudel mit Rhabarber, Mirabellen oder Heidelbeeren und mit gehobelten Mandeln.

Bei Pfannkuchen/Kaiserschmarren mit Apfelmus

Haferdrink statt Milch (Teig etwas länger stehen lassen, dann bindet er gut) verwenden und mit verträglichen Früchten genießen. Auf Kernobst zunächst verzichten. Wenn sich der Bauch beruhigt hat, geht es oft wieder in kleinen Mengen

Statt Hartkäse, Bergkäse, Schaf- oder Ziegenkäse aller Art

Frischkäse (ohne Verdickungsmittel), Butterkäse oder ganz junger Gouda. Am besten in einzeln verpackten kleinen Portionen kaufen.

Statt Tomaten, Tomatenmark, Ketchup

pürierte gelbe und rote Paprika (im Verhältnis 2:1 wegen des Fructose-Gehalts) oder Aivar.

Statt Müsli mit Milch, Honig, Nüssen, Apfel und Trockenfrüchten

selbst gemachtes Granola (S. 54) mit Reissirup und Pflanzendrink, später gehen evtl. laktosefreie Frischmilch oder mit Wasser verdünnte Sahne. Nur eine Handvoll frische Früchte verwenden. Mandeln, Kokosflocken, Hanf- oder Chia-Samen, nach Verträglichkeit Macadamianüsse, Pinienkerne oder Paranüsse.

Statt Süßigkeiten/ Schokolade
am besten weiße Reisschokolade. Auch Popcorn schmeckt super. Plätzchen werden das ganze Jahr gebacken und ich nenne sie im Sommer einfach Cookies!

Statt Nudeln mit Lauch, Speck und Weißwein-Sahne-Sauce
Nudeln (nicht al dente, sondern weich gekocht), gekochter Schinken, Lauch oder Frühlingszwiebeln (nur der grüne Teil), Pflanzendrink mit weißem Mandelmus, etwas Salz und Stärke statt Sahne. Histaminarmen Wein verwenden. Durch das Kochen verfliegt ein Großteil des Alkohols.

Statt Kässpätzle
selbstgemachte Spätzle (S. 108), zunächst nur mit Butter oder als Beilage zu Fleisch essen. Später auch mit etwas geriebenem Butterkäse oder Mozzarella. Käse nicht schmelzen lassen, da er dann sehr schlecht verdaut wird und die Beschwerden von der Konsistenz herrühren können.

Bei Pizza Margherita
einen Hefeteig mit wenig Hefe und langer Teigführung zubereiten: Tomatensauce durch Paprika-Mandel-Sauce (S. 93) ersetzen. Belag mit gekochtem Schinken und verträglichem Gemüse. Am Anfang weißes Mandelmus mit Pflanzendrink verrühren und als Topping verwenden, später geht meist auch Mozzarella. Käseersatzprodukte aus dem Supermarkt bestehen oft nur aus Kokosfett und Farbstoffen, die bei einer Histaminintoleranz schlecht vertragen werden. Frische Kräuter, Schnittknoblauch statt Knoblauch.

Statt Pommes mit Ketchup
Ofenkartoffeln – die gehen immer! Ketchup durch Aivar oder Paprika-Kürbis-Ketchup (S. 47) ersetzen.

Statt Honig aufs Brötchen
Reissirup mit Zimt oder Kaffee-Gewürz (S. 46).

Statt Milcheis
Eis auf Kokosmilch- oder Pflanzendrinkbasis (S. 134/135) mit verträglichen Früchten oder weißer Reisschokolade.

Müsliriegel/ Energiekugeln
müssen selbst gemacht werden, was ziemlich schwierig ist, wenn die Trockenfrüchte wegfallen. Ich habe lange an Rezepten getüftelt: Energiekugeln (S. 59), Heidelbeer-Mandel- und Kürbis-Hanf-Riegel (S. 60).

Für das glutenfreie Backen eignen sich Reis-, Kartoffel-, Buchweizen-, Hanf-, Teff-, Lupinen- und Maronenmehl. Allerdings braucht man dann ein geeignetes Bindemittel. Das können Eier sein oder Kleber wie Xanthan, Guarkernmehl oder Johannisbrotkernmehl. Die beiden Letzteren sind aber bei einer Histaminintoleranz meist nicht verträglich. Man kann jedoch versuchen, den Teig mit Flohsamenschalen, Chia-Samen oder Leinsamen zu binden. Da ich nie glutenfrei backe, verweise ich hier auf glutenfreie Backbücher.

Verträglich sind auch Hirse, Erdmandeln, Quinoa, Reis und Haferflocken. Es gibt viele verschiedene Sorten, die es sich zu probieren lohnt! Alles gibt es als Korn, schon gemahlen, als Flakes oder teilweise gepufft und bietet so Abwechslung.

Meiden: Getreidekeimlinge (Weizen- und Gerstenkeimmehl werden gerne in Backwaren verwendet und machen Beschwerden). Weizen wird manchmal nicht vertragen (möglich sind auch FODMAPs oder eine Glutensensitivität), warum ist unklar. Ich denke, es liegt an dem bereits gereizten Darm, und daran, dass wir häufig sehr frische Backwaren verzehren, die aufgrund der Frische Probleme bereiten und nicht, weil sie Weizen enthalten. Mir verursachen mittlerweile auch ganz frische Backwaren Bauchschmerzen und daher backe ich oft schon am Vorabend oder lasse den Teig lange gehen. So könnte man zunächst auf Dinkelmehl ausweichen oder versuchen, glutenfrei zu backen, bis die Beschwerden sich zurückgebildet haben. Bei mir waren es letztendlich immer die zugesetzten Weizenkeime oder das Gerstenmalz. Betroffene berichten auch oft, dass die »deutschen« Backwaren nicht so gut vertragen werden wie die Brote aus dem Mittelmeerraum und sie im Urlaub alles genießen können.

Brot/ Brötchen

Meiden: Weizenkeime, Gerstenmalz, Honig, Bananen, laktosehaltige Milch, Buttermilch und Quark

Öle

Rapsöl, Olivenöl, Hanföl, Schwarzkümmelöl

Nüsse und Samen

Chia-Samen, Hanfsamen, Kokosnuss, Kürbiskerne, Leinsamen, Macadamianüsse, Mandeln, Mohn (in geringen Mengen und frisch gemahlen), Pinienkerne, Pistazien, Paranüsse, Sesam.

Nüsse und Samen zunächst nur in geringen Mengen verwenden und ihre Verträglichkeit austesten. Am besten mit Schale kaufen und selbst mahlen. Nüsse und Samen verderben recht schnell und werden so histaminhaltig. Lieber in einem Supermarkt kaufen, der einen großen Umsatz an diesen Produkten hat. Und daran denken: »Wir sind schließlich keine Hühner!« (Hier zitiere ich meine Ernährungsberaterin, die darauf hinweisen wollte, dass unser Magen für so viele Körner einfach nicht geeignet ist.)

Gewürze/ Kräuter

Salz ohne Jod oder Rieselhilfen, Anis, Basilikum, Brotgewürz, Estragon, Galgant, Garam Marsala, frischer Ingwer, Kerbel, Kümmel, Kurkuma (in Maßen, keine »Goldene Milch«), Lebkuchengewürz, Kaffir-Limettenblätter, Koriander, Liebstöckel, Majoran, Melisse, Oregano, Paprikapulver, Petersilie,

Wenn der Bauch mal eine Auszeit braucht...

Diese Lebensmittel gehen immer: gekochte Kartoffeln, Reis, Zucchini, Möhre, Puten- oder Hühnerfleisch ohne Haut. Auch Suppen oder Reis- und Grießbrei sind gut verträglich.

Unterwegs oder im Restaurant... bestelle ich grundsätzlich Pommes mit einem gebratenen oder gegrilltem Stück Fleisch oder einem Schnitzel. Dieses wird typischerweise frisch zubereitet und nicht wie ein Braten schon zwei Tage vorher gekocht und dann aufgewärmt. Auch Gerichte mit gekochten Kartoffeln, Reis und gekochtem oder gegrilltem verträglichem Gemüse eignen sich gut, da sie von Haus aus nicht histaminhaltig sind. Oder ich bestelle von der Kinderkarte »Spätzle mit nichts« oder »Nudeln ohne Sauce«.

frisch gemahlener weißer Pfeffer (nach Verträglichkeit), Rosmarin, Salbei, Senfkörner (meistens), Schnittlauch, Schnittknoblauch (meistens), Thymian, Tonkabohne, Vanille, Zimt, Zitronengras.

Meiden: Jodsalz, Salz mit Rieselhilfen

Superfoods

Ich persönlich verwende nur Hanfsamen aufgrund ihres Eiweißgehaltes und ab und zu Chia-Samen für Riegel. Es können auch Acaibeeren, Gerstengraspulver, Gojiibeeren, Matcha und Weizengraspulver verwendet werden, besser aber heimische Superfoods wie Heidelbeeren, Leinsamen, Petersilie und Brokkoli!

Zu den Rezepten

Im Rezeptteil findest du viele klassische Gerichte, die du histamin-, Fructose- und laktosearm zubereiten kannst. Du hast aber auch die Möglichkeit, für die betroffenen Familienmitglieder einen Teil abzunehmen und den Rest des Gerichts für alle anderen in einem oder wenigen weiteren Arbeitsschritten dem Original anpassen.

Da ich im Badischen groß geworden und später ins Schwäbische gezogen bin, beinhaltet meine Familienküche viele klassische badische und schwäbische Gerichte. Außerdem haben mich sowohl meine schlesische als auch meine bayrische Oma geprägt. Viele Kindheitsgerichte wie Zwetschgenknödel, Dampfnudeln oder Apfelstrudel landen immer wieder auf unseren Tellern. Außerdem esse ich seit unserem 20 Jahre zurückliegenden Thailandaufenthalt sehr gerne asiatische Gerichte. Damit ich diese Gerichte auch weiterhin problemlos und ohne Reue genießen kann, mussten viele Speisen umfunktioniert werden, was gerade in der asiatischen Küche gar nicht so leicht ist, da sehr viel Knoblauch, Limettensaft, Sojasauce oder unverträgliches Gemüse verwendet wird. Ich und meine Familie denken, das ist mir gut gelungen. Daher gibt es in diesem Kochbuch häufig ein »Add-on«, in dem ich beschreibe, wie man die Gerichte für Familienmitglieder ohne Intoleranzen noch Aufpeppen oder dem Original anpassen kann.

Was geht statt ...

Eine kleine Liste histaminreicher Lebensmittel, die in vielen Gerichten und Kochbüchern vorkommen und die sich recht einfach ersetzen lassen. So wird es dir leichter fallen, Gerichte »umzuschreiben«.

Fisch Ohne Kopf und Gräten verwenden. Am besten so frisch, dass man das Meer rauschen hört oder fangfrisch tiefgefroren, nie aus der Kühltheke! Keine Fischsorten verwenden, die in warmen Gewässern heimisch sind, z. B. Thunfisch oder Muscheln.

Fleisch Wenn es frisch ist, wird es eigentlich immer gut vertragen. Fleisch immer am Stück kaufen, direkt vor dem Essen beim Metzger wolfen oder schneiden lassen oder gleich vom Hof/Hofladen nach der Schlachtung kaufen.

Gewürze Gewürzregal aufräumen und nur noch die Gewürze übrig lassen, die verträglich sind. So kommt man nicht in die Verlegenheit, jedes Mal überlegen zu müssen. Frische Kräuter in Töpfen in die Küche stellen!

Gemüsebrühpulver Selbst herstellen (S. 45) oder ein geeignetes kaufen – ohne Knoblauch, Zwiebeln und Hefe. Das erleichtert die neue Kochsituation sehr!

Gewürzmischungen und Salatsaucenpulver Auch hier werden oft Knoblauch, Zwiebeln oder Hefe zugesetzt. Alle Zutaten prüfen oder eigene Mischungen herstellen (S. 44–46). Es dauert sicher etwas, diese Mischungen anzufertigen, aber der Genuss, das Wohlbefinden und die spätere Zeitersparnis sind es allemal wert.

Müslimischungen Auch diese am besten selbst herstellen, da oft Honig oder Gerstenmalz verwendet werden, ebenso Trockenfrüchte und gemahlene Samen, die leicht verderben.

Müsliriegel oder Energiekugeln Hier gilt das Gleiche wie für die Müslimischung. Es lohnt sich, Energiekugeln selbst zuzubereiten oder ganz einfach eine eigene Müslimischung mit Mandelmus oder Butter zu Kugeln zu verarbeiten.

Honig/Zucker Honig lässt sich durch Reissirup ersetzen. Bei einer Fructose-Unverträglichkeit zu Beginn den Haushaltszucker 4:1 mit Traubenzucker mischen und damit backen. Nur mit Traubenzucker zu backen wird eine Katastrophe! Alles bricht auseinander und bleibt sehr feucht.

Marmeladen, Konfitüren Verträgliche Sorten wählen und auf Zutaten achten! Kein Zitronensaft oder -säure. Verträglich sind Hagebutten-, Heidelbeer- oder Stachelbeerkonfitüre. Eventuell auch selbst herstellen, dann kann auch Traubenzucker zugefügt werden.

Margarine Kontrollieren, ob Sonnenblumenöl oder Soja verwendet wurden. Besser aber reine Butter, Butterschmalz oder Ghee verwenden.

Sahne Pflanzliche Sahne wie Hafersahne (auf Zusätze achten) verwenden, Pflanzendrink mit Stärke andicken oder Mandelmus mit Pflanzendrink verdünnen. Frische laktosefreie Sahne ohne Zusätze austesten.

Milch Hafer-, Kokos-, Reis- oder Mandeldrink, gerne mit Kalzium angereichert (die »Barista-Version« lässt sich am besten aufschäumen). Laktosefreie Milch macht manchmal Probleme, der Grund ist nicht bekannt.

Käse Frischkäse, Butterkäse, Mozzarella oder ganz junger Gouda

Käse zum Überbacken Mozzarella, Mandelmus oder angedickte pflanzliche Sahne

Geriebener Parmesan Geschälte Hanfsamen oder geröstete und gemahlene Mandeln über die Nudeln geben.

Saure Sahne Laktosefreie süße Sahne andicken, Mehlbutter oder laktosefreier Frischkäse (Frischkäse enthält nur wenig Laktose, in geringen Mengen kann man normalen Frischkäse verwenden). Alternativ vegane Streichcreme natur.

Joghurt/Quark Laktosefreien Joghurt ausprobieren (wird aber oft nicht vertragen aufgrund der Milchsäurereifung), laktosefreier Quark.

Ketchup Paprika-Kürbis-Ketchup (S. 47), Aivar, Hagebuttenmark

Tomatensauce passierte gegarte Paprika oder Hokkaido-Kürbis, alternativ Aivar mit Wasser oder Brühe verdünnt.

Balsamessig Apfelessig oder die doppelte Menge Verjus, verdünnte Essigessenz oder Branntweinessig.

Spinat Pak Choi oder Feldsalat

Rucola Feldsalat, Portulak, Radicchio oder anderer Bittersalat

Zwiebeln grüner Teil der Frühlingszwiebel oder weiße Zwiebel, Schnittlauch

Knoblauch Knoblauchöl herstellen oder eine Zehe mit anschwitzen und wieder entfernen, Schnittknoblauch

Unsere Rezepte

Hier kann es sich die ganze Familie schmecken lassen – laktose-, fructose- und histaminarm.

BASICS

Frisch und vegan

Kräuterpesto

Für ein kleines Vorratsglas

5 Minuten

2 Stängel Petersilie • 2 Stängel Thymian • 2 Stängel Oregano • 1 Bund Basilikum • 30 g Mandeln oder Pinienkerne • ½ TL Salz • 3 Prisen Pfeffer • 100 ml Olivenöl

- Kräuter waschen und gut trocken schütteln.

- Mit allen anderen Zutaten mit der Küchenmaschine zerkleinern und gut vermischen.

- In ein sauberes Schraubglas füllen.

Variante Auch Kräuterbutter kann man so zubereiten. Dafür das Öl einfach durch flüssige Butter ersetzen, alles verrühren und in einem Schraubglas im Kühlschrank fest werden lassen. Passt super zu gegrilltem, nicht mariniertem Fleisch.

Extrawürzig

Salatsaucenpulver

Für ein Vorratsglas

15 Minuten + 2 Stunden Trocknungszeit

1 Bund Schnittlauch • 1 Bund Petersilie • 200 g gelbe oder rote Paprikaschote • 100 g Meersalz • 3 TL weiße Pfefferkörner • 35 g Senfkörner • 2 EL getrockneter Oregano • 2 EL getrocknetes Basilikum • 2 EL getrockneter Thymian • ½ TL gemahlene Kurkuma • 40 g Zucker

- Frische Kräuter waschen und trocken schütteln. Paprika halbieren, Samen und Scheidewände entfernen und das Fruchtfleisch waschen.
- Kräuter und Paprika klein schneiden und 2 Stunden im Ofen bei 90 °C Ober-/Unterhitze trocknen, bis man sie zerreiben kann.
- Anschließend mit allen weiteren Zutaten mit dem Mixer zu Pulver zerkleinern. In ein sauberes Vorratsglas füllen.

Tipp Für meine Gewürzmischungen verwende ich weder Zwiebeln noch Knoblauch, da sie bei einer Fructoseintoleranz oft nicht verträglich sind.

Für die asiatische Küche

Thai-Gewürzpulver

Für ein kleines Vorratsglas

15 Minuten + 2 Stunden Trocknungszeit

3 TL Frühlingszwiebeln (nur das Grüne) • 1 TL gemahlener Ingwer • 1 TL Salz • 1 TL Zucker • 1 TL gemahlene Kurkuma • 1 TL Kaffir-Limettenblätter • 1 TL gemahlenes Zitronengras • ½ TL gemahlener Koriander • ½ TL gemahlener Kreuzkümmel • 4 TL getrocknetes Basilikum • 1 TL Paprikapulver • 1 TL Senfkörner

- Die Frühlingszwiebeln waschen, klein schneiden und 2 Stunden im Ofen bei 90 °C Ober-/Unterhitze trocknen.
- Alle Zutaten miteinander vermischen und im Mixer zu Pulver verarbeiten. In ein Vorratsglas füllen.

Variante Auch ein Thai-Currypulver lässt sich so zubereiten. Dann zusätzlich 1 TL verträgliches Currypulver hinzufügen und gut vermischen.

Tipp Für asiatische Gerichte 1 TL pro 200 ml Flüssigkeit verwenden.

Die perfekte Basis für Saucen und Suppen

Gemüsebrühpulver

Für ein großes Vorratsglas
⏲ 30 Minuten + 4–6 Stunden Trocknungszeit

200 g Knollensellerie • 300 g Petersilienwurzeln • 400 g Möhren • 600 g rote und gelbe Paprikaschoten • 2 Bund Basilikum • 2 Bund Schnittlauch • 1 Bund Petersilie • 140 g Salz ohne Rieselhilfe • 2 TL Senfkörner (nach Verträglichkeit) • ½ TL gemahlene Kurkuma • ½ TL weiße Pfefferkörner • 1 TL getrocknetes Basilikum • 1 TL getrockneter Thymian • 1 TL getrockneter Oregano • 1 Lorbeerblatt

- Sellerie, Petersilienwurzeln und Möhren schälen und raspeln. Paprika halbieren, Samen und Scheidewände entfernen, das Fruchtfleisch waschen und ebenfalls raspeln. Frische Kräuter waschen, gut trockenschütteln und klein schneiden. Gemüse und Kräuter auf mehreren Backblechen verteilen und bei 90 °C Ober-/Unterhitze 4–6 Stunden im Ofen trocknen lassen.

- Das getrocknete Gemüse fein mahlen. Anschließend Salz, Gewürze und getrocknete Kräuter hinzugeben.

- Alles vermischen und nochmals in der Küchenmaschine fein mahlen.

Variante Wenn Lauchzwiebeln vertragen werden, können auch diese mit getrocknet werden.

Mediterran

Italienisches Kräutersalz

Für ein Vorratsglas
⏲ 5 Minuten

100 g Meersalz • 2 TL getrocknetes Basilikum • 2 TL getrockneter Oregano • 1 TL getrockneter Thymian • 1 TL getrockneter Rosmarin • 1 TL getrockneter Salbei

- Alle Zutaten miteinander vermischen und gut durchziehen lassen.

Add-on Je nach Verträglichkeit noch ein paar Chiliflocken zugeben.

Überraschend

Kaffee-Gewürz

Für ein kleines Vorratsglas
5 Minuten

70 g Zucker • 3 TL Zimt • 1 TL Vanillezucker • 2 Msp. gemahlener Ingwer • 1 Msp. gemahlener Kardamom

- Alle Zutaten gut vermischen.

Variante Wer möchte, kann das Gewürz noch mit einer fein geriebenen Espressobohne verfeinern.

Tipp Auf einen Kaffee mit Milchschaum ½ TL davon streuen oder das Gewürz in Porridge rühren.

Für herbstliche Wildgerichte

Wildgewürzmischung

Für ein kleines Vorratsglas
5 Minuten

80 g Gemüsebrühpulver (Seite 45) • ½ TL frisch gemahlener weißer Pfeffer • ½ TL Kümmel • ½ TL Koriandersamen • 1 Msp. gemahlener Ingwer • 2 Wacholderbeeren

- Alle Zutaten vermischen und kurz mit der Küchenmaschine fein mahlen.

Variante Eine geraspelte und dann im Ofen getrocknete Fenchelknolle mitmahlen.

Fast wie »echter« Ketchup

Paprika-Kürbis-Ketchup

Für 3–4 Vorratsgläser oder kleine Flaschen
25 Minuten

500 g Hokkaidokürbis • 250 g rote Paprikaschote • 200 g Physalis • 120 ml milder Apfelessig (oder Verjus) • 30 ml Reissirup • 1 TL Salz • 1 TL Paprikapulver

- Kürbis waschen und die Kerne entfernen. Paprika halbieren, von Samen und Scheidewänden befreien und das Fruchtfleisch waschen. Physalis waschen. Gemüse und Physalis klein schneiden und mit etwas Wasser 15 Minuten garkochen.

- Essig, Reissirup, Salz und Paprikapulver hinzufügen und kurz köcheln lassen.

- Alles sehr fein pürieren, in saubere Gläser füllen und diese sofort verschließen.

Variante Für mehr Würze kann Pfeffer, Chili nach Verträglichkeit oder auch mehr Reissirup verwendet werden.

Tipp In Plastikbehälter gefüllt kann der Kürbis-Ketchup gut eingefroren werden.

Schnelle vegetarische Sauce

Einfache Mehlschwitze

Für 4 Personen
10 Minuten

1 EL Butter • 1 EL Mehl • 300 ml Pflanzendrink (Reis oder Hafer) • 2 Lorbeerblätter • 1 Prise Salz • 1 Prise Muskatnuss

- Butter zerlassen und das Mehl darin unter Rühren anschwitzen.

- Mit Pflanzendrink aufgießen, Lorbeerblätter, Salz und Muskat hinzufügen und alles 5 Minuten köcheln lassen.

Passt zu als schnelle Sauce zu Nudeln oder als Béchamel-Ersatz für die Lasagne

Tipp Auch eine Mehlbutter kann gut als Bindemittel fungieren, gerade wenn man keine Crème fraîche oder saure Sahne benutzen kann: 1 EL Butter und 1 EL Mehl miteinander verkneten und in die Sauce rühren.

FRÜHSTÜCK

Fruchtig und süß

Aprikosenkonfitüre

Für 3 Marmeladengläser
20 Minuten

500 g Aprikosen • 200 g Gelierzucker 2:1 • 50 g Traubenzucker

- Aprikosen waschen, halbieren, entsteinen und klein schneiden. In einen Topf geben und etwas Wasser hinzufügen.
- 10 Minuten köcheln lassen, dann pürieren.
- Gelierzucker und Traubenzucker hinzufügen und nach Packungsanweisung ca. 5 Minuten gelieren lassen.
- Noch heiß in saubere, sterilisierte Gläser füllen.

Variante Sehr lecker auch mit etwas weißer Reisschokolade oder Lavendelblättchen!

Lila Wachmacher

Heidelbeer-Mandel-Smoothie

Für 4 Gläser
5 Minuten

300 g Heidelbeeren (frisch oder TK) • 500 ml Mandeldrink • Reissirup nach Bedarf

- Heidelbeeren waschen und pürieren.
- Den Mandeldrink hinzufügen und nochmals kurz aufschlagen.
- Bei Bedarf mit etwas Reissirup süßen.
- Auf 4 Gläser verteilen.

Variante Für einen höheren Eiweißgehalt pro Glas 1 EL Mandelmus oder 1 EL geschälte Hanfsamen hinzufügen.

Karibische Grüße

Mango-Kokos-Smoothie

Für 4 Gläser
5 Minuten

300 g Mango • 500 ml Kokosdrink • Reissirup nach Bedarf

- Mango schälen, das Fruchtfleisch vom Kern schneiden und pürieren.
- Den Kokosdrink hinzufügen und nochmals kurz aufschlagen.
- Bei Bedarf mit etwas Reissirup süßen.
- Auf 4 Gläser verteilen.

Variante Extra sämig wird der Smoothie mit Kokosnussmus. Pro Glas 1 TL hinzufügen.

» Heidelbeer-Mandel-Smoothie

Herzhaftes Frühstück

Rührei mit Paprika und Kresse

Für 4 Personen
10 Minuten

2 rote Paprikaschoten • ½ Bund Frühlingszwiebeln (grüner Teil) • 4 EL Öl • 4 Eier • 2 EL Pflanzendrink • Salz • Pfeffer • 1 Schälchen Kresse

- Die Paprika halbieren, Samen und Scheidewände entfernen, das Fruchtfleisch waschen und in Streifen schneiden. Das Grün der Frühlingszwiebeln waschen und in Ringe schneiden. Beides zusammen in einer Pfanne in der Hälfte des Öls 5 Minuten anbraten.

- Die Eier in einer Schüssel mit dem Pflanzendrink verquirlen und mit Salz und Pfeffer würzen. In einer Pfanne unter gelegentlichem Rühren im restlichen Öl stocken lassen.

- Zusammen mit dem Gemüse auf 4 Tellern anrichten und mit Kresse garnieren.

Das passt dazu Ciabatta oder geröstete Brötchen

Das lieben Groß und Klein

Köstliche Sonntagswaffeln

Für 16 Stück
10 Minuten + 20 Minuten Backzeit

6 Eier • 100 g Zucker • 2 Pck. Vanillezucker • 100 ml Rapsöl plus etwas für das Waffeleisen • 1 TL Backpulver • 1 Prise Salz • 450 ml Pflanzendrink • 350 g Weizenmehl

- Eier trennen und die Eiweiße mit dem Handrührgerät steif schlagen.

- Eigelbe mit Zucker und Vanillezucker in einer zweiten Schüssel vermischen und cremig schlagen.

- Öl, Backpulver, Salz und Pflanzendrink hinzufügen und weiter verrühren. Anschließend das Mehl langsam dazugeben und glattrühren.

- Zum Schluss den Eischnee vorsichtig unterheben.

- Das Waffeleisen heizen, eventuell einfetten und die Waffeln nacheinander portionsweise ausbacken.

Das passt dazu Zimt-Zucker, feiner Puderzucker, Aprikosen- oder Apfelmus

» Köstliche Sonntagswaffeln

Hanna

Knusprig und gesund

Granola

Für 2 Vorratsgläser

35 Minuten

400 g Haferflocken (Fein- und Großblatt) • 100 g Mandelblättchen • 100 g Roh-Rohrzucker • 50 g Reissirup • ¼ TL geriebene Muskatnuss oder Tonkabohne • ½ TL Meersalz • 1 ½ TL Zimt

- Alles vermischen, auf ein Backblech geben und bei 120 °C Ober-/Unterhitze 30 Minuten im Ofen backen. Gut abkühlen lassen.

Tipps 4 EL Granola mit 150 ml Pflanzendrink oder laktosefreier Milch und einer Handvoll Beeren zum Frühstück genießen. Oder für ein schnelles Dessert verwenden: Dafür schichtweise mit Frischkäse und frischem Obst in einer Schüssel anrichten.

Für den Vorrat

Müslimischung fix und fertig

Für ein großes Vorratsglas

5 Minuten

200 g Haferflocken (Fein- oder Großblatt) • 50 g Kokosraspel • 100 g gehackte Mandeln, gehackte Macadamia- oder Paranüsse • 100 g gepuffter Amaranth • 50 g Roh-Rohrzucker • ½ TL Zimt • ½ TL gemahlene Vanille • 1 Prise Salz

- Alle Zutaten miteinander vermischen und in ein Schraubglas füllen.

Add-on Für Schleckermäuler ohne Unverträglichkeiten ein Schoko-Müsli zubereiten. Dafür einfach noch ein paar Schokoflocken dazugeben.

Tipp Zum Frühstück 3–4 EL der Müslimischung in ein Schälchen geben, mit Pflanzendrink auffüllen und mit frischen Früchten garnieren.

Der Klassiker

Porridge nach englischer Art

Für 4 Personen
20 Minuten

1 große Kaffeetasse Haferflocken (Feinblatt) • 1 Prise Salz • 2 EL Pflanzendrink • 2 EL Reissirup • 4 EL gemahlene Mandeln, Samen oder verträgliche Nüsse

- Haferflocken mit 3 Tassen Wasser und dem Salz aufkochen und 12 Minuten bei schwacher Hitze quellen lassen. Kurz vor Ende der Garzeit mit dem Pflanzendrink verfeinern.

- Den Porridge in 4 Schälchen gießen, kreuzförmig einschneiden und noch kurz abkühlen lassen.

- Dann kann der Porridge nach persönlichem Geschmack mit Reissirup, Nüssen oder Samen verfeinert werden.

Add-on Bei Kids besonders beliebt: mit Schokoflocken.

Tipp Ich esse meinen Porridge zum Frühstück an den Tagen, an denen ich arbeite und nicht weiß, wann ich die nächste Pause habe. Ein Porridge sättigt mich wunderbar über viele Stunden. Oft esse ich auch an Winterabenden einen warmen Brei ganz klassisch mit Zimt-Zucker oder mit Apfelmus.

Superschnell gemacht

Blitz-Porridge

Für eine Schüssel und als Vorrat
5 Minuten + 3 Minuten Quellzeit

200 g feine Haferflocken • 200 ml Pflanzendrink oder laktosefreie Milch • 2 EL Beeren oder anderes verträgliches Obst • 1 TL Reissirup • 1 Msp. Zimt

- Die Haferflocken auf Vorrat in der Küchenmaschine fein mahlen.

- Pflanzendrink oder Milch erhitzen.

- 3 EL gemahlene Haferflocken in ein Schälchen geben, mit heißem Pflanzendrink oder heißer Milch übergießen und 2 Minuten quellen lassen.

- Kurz umrühren und nach Geschmack Obst darübergeben. Mit Reissirup süßen und Zimt unterrühren.

Add-on Für alle, die es vertragen, kann daraus ein Schokoporridge werden: Einfach 1 TL Kakaopulver oder 1 TL Schokoflocken unterrühren.

Soft und lecker

Schnelles Toastbrot

Für ca. 16 Scheiben

10 Minuten + 1 Stunde Ruhezeit + 30 Minuten Backzeit

½ Würfel Hefe (20 g) • 2 EL Zucker • 450 g Weizenmehl (Type 550) • 1 TL Salz • 50 ml Pflanzendrink • 2 EL weiche Butter plus etwas für die Form

- 130 ml warmes Wasser in eine Schüssel geben, die Hefe hineinbröseln und den Zucker dazugeben. Leicht verrühren.
- Danach die restlichen Zutaten hinzufügen und mit einem Rührgerät gut vermengen. 1 Stunde ruhen lassen.
- Den Backofen auf 200 °C Ober-/Unterhitze vorheizen. Eine Kastenform fetten.
- Aus dem Teig 3 Kugeln formen, in die Kastenform setzen und 30 Minuten im vorgeheizten Ofen backen.

Variante Vollwertiger wird das Toastbrot mit Dinkelmehl (Type 630) und eine Handvoll Samen.

Kinderliebling

Mandel-Nuss-Creme

Für ein Schraubglas

15 Minuten + Einweichzeit über Nacht

100 g blanchierte Mandeln • 50 g Paranüsse • 50 g Pinienkerne • 100 g Butter • 1 Prise Salz • 50 g Zucker • Mark von 1 Vanilleschote • 1 TL Zimt

- Mandeln in einer Schüssel mit heißem Wasser übergießen und über Nacht quellen lassen.
- Am nächsten Tag das Wasser wegschütten, Paranüsse und Pinienkerne zu den Mandeln geben und mit einem starken Mixer fein mahlen.
- Die Butter zerlassen und mit allen anderen Zutaten vermischen.
- Alles nochmals pürieren und in einem sauberen Schraubglas im Kühlschrank aufbewahren.

Variante Die Pinienkerne können durch Macadamianüsse ersetzt werden.

Tipp Die perfekte Füllung für die Sonntagshörnchen (Seite 124)!

» Schnelles Toastbrot

FÜR ZWISCHENDURCH, DAZU UND UNTERWEGS

Naschen erlaubt

Energiekugeln mit Hagebutten

Für 20 Kugeln

⏲ 10 Minuten + 1 Stunde Kühlzeit

50 g Mandeln • 50 g Pinienkerne • 50 g Hagebuttenkonfitüre • 100 g Haferflocken (fein und grob gemischt) • 70 ml Reissirup • 1 TL Zimt • 50 g Butter • 1 Prise Salz • 1 EL gehackte Mandeln zum Wälzen nach Bedarf

- Mandeln und Pinienkerne im Mixer zerkleinern.

- Die übrigen Zutaten hinzufügen, alles vermischen und die Masse zu Kugeln formen. Wenn die Kugeln zu klebrig sind, noch in gehackten Mandeln wälzen.

- Im Kühlschrank fest werden lassen.

Variante Die Hagebuttenkonfitüre kann durch Quittengelee ersetzt werden. So entstehen köstliche Quitten-Pinienkern-Bliss-Balls.

Perfekt zum Mitnehmen

Heidelbeer-Mandel-Riegel

Für 16 Riegel

⏲ 10 Minuten + 1 Stunde Backzeit

200 g Heidelbeeren • 100 g Mandeln • 100 g Haferflocken (fein und grob gemischt) • 70 ml Reissirup • 1 TL Zimt • 50 ml Rapsöl • 50 g Mandelmus • 1 Prise Salz

- Den Backofen auf 100 °C Ober-/Unterhitze vorheizen. Heidelbeeren waschen und klein schneiden. Mandeln im Mixer zerkleinern.

- Alle Zutaten miteinander vermischen und die Masse auf einem mit Backpapier belegten Backblech glatt streichen. Alternativ eine Müsliriegelform benutzen.

- Die Riegel im vorgeheizten Ofen mindestens 1 Stunde trocknen lassen.

Variante Heidelbeeren durch Sauerkirschen oder Brombeeren ersetzen.

Ein Energiekick beim Lernen

Kürbis-Hanf-Riegel mit Physalis

Für 16 Riegel

⏲ 10 Minuten + 1 Stunde Backzeit

200 g Physalis • 30 g Mandeln • 50 g Kürbiskerne • 100 g Haferflocken (fein und grob gemischt) • 20 g geschälte Hanfsamen • 70 ml Reissirup • 1 TL Zimt • 50 ml Rapsöl • 50 g Mandelmus • 1 Prise Salz

- Den Ofen auf 100 °C Ober-/Unterhitze vorheizen. Physalis waschen und klein schneiden. Mandeln und Kürbiskerne im Mixer zerkleinern.

- Alle Zutaten miteinander vermischen und die Masse auf einem mit Backpapier belegten Backblech glatt streichen. Alternativ eine Müsliriegelform verwenden.

- Die Riegel im vorgeheizten Ofen mindestens 1 Stunde trocknen lassen.

Tipp Hier verwende ich bewusst keine Trockenfrüchte, da diese sehr viel Fructose und oftmals auch sehr viel Histamin durch lange Trocknungszeiten enthalten. Die Physalis werden einfach mitgebacken.

Samtig weich

Pfirsich-Vanille-Smoothie

Für 4 Gläser
5 Minuten

300 g Pfirsiche • 500 ml Haferdrink • 1 Pck. Vanillezucker • Reissirup nach Bedarf

- Pfirsiche waschen, halbieren, die Steine entfernen und das Fruchtfleisch pürieren.
- Den Haferdrink und den Vanillezucker hinzufügen und nochmals kurz aufschlagen.
- Bei Bedarf mit etwas Reissirup süßen.
- Auf 4 Gläser verteilen.

Varianten Weitere leckere Smoothie-Varianten sind Waldbeeren-Mandel-Drink, Physalis-Kokos-Drink, Kirsch-Mandel-Drink oder Stachelbeer-Hafer-Drink.

Tipp Zum Mitnehmen einfach portionsweise in ein Schraubdeckelglas füllen.

Ideal für unterwegs

Aprikosen-Kokos-Bliss-Balls

Für 20 Kugeln
10 Minuten + 1 Stunde Kühlzeit

50 g Mandeln • 50 g Aprikosenkonfitüre • 100 g Haferflocken (fein und grob gemischt) • 50 g Kokosraspel • 70 ml Reissirup • 1 TL Zimt • 50 g Butter • 1 Prise Salz • 1 EL Kokosraspeln zum Wälzen nach Bedarf

- Mandeln im Mixer zerkleinern.
- Die übrigen Zutaten hinzufügen, vermischen und die Masse zu Kugeln formen. Bei Bedarf noch in Kokosraspeln wälzen.
- Im Kühlschrank fest werden lassen.

Varianten Statt mit Zimt können die Kugeln auch mit gemahlener Tonkabohne, Vanille oder Kardamom aromatisiert werden. Dann nur 1 Msp. verwenden.

Erfrischend und kühlend

Thailändischer Watermelon-Shake

Für 4 Gläser

5 Minuten

1 kleine Wassermelone ohne Kerne (ca. 800 g) • 4 EL Reis- oder Zuckersirup • 2 Gläser Crushed Ice • 4 Stängel Minze zum Garnieren

- Die Melone in Spalten schneiden, das Fruchtfleisch von der Schale schneiden, die Melone in Stücke schneiden und pürieren.
- Mit Reis- oder Zuckersirup süßen und die gleiche Menge an Crushed Ice hinzugeben.
- In 4 Gläser füllen und mit Minze garnieren.

Tipp Ideal für heiße Sommertage! Diesen Shake habe ich so oft in Thailand getrunken und später in heißen Sommern häufig zu Hause zubereitet.

Knusprig

Haferkekse

Für ein Blech

10 Minuten + 20 Minuten Backzeit

125 g weiche Butter in Stückchen • 60 g Zucker • 25 ml Reissirup • 120 g Haferflocken (Fein- und Großblatt gemischt) • 80 g gemahlene Mandeln • 80 g Dinkelmehl • 1 Prise Salz

- Den Backofen auf 180 °C Ober-/Unterhitze vorheizen und 2 Backbleche mit Backpapier belegen. Alle Zutaten mit dem Handrührgerät vermischen.
- Mithilfe eines Eisportionierers Teigportionen abnehmen, auf das Backblech setzen und mit den Fingern etwas andrücken.
- Die Kekse 15–20 Minuten im vorgeheizten Ofen backen. Danach gut abkühlen lassen.

Variante 1 Mit 1 Msp. gemahlenem Ingwer, Zimt oder Lebkuchengewürz werden die Kekse richtig weihnachtlich.

Variante 2 Die Mandeln durch Hanfsamen ersetzen. Das schmeckt ebenfalls gut und ist eiweißreicher.

Haferkekse

Ein bisschen Down Under

Hähnchen-Sandwich Sydney Style

Für 2 Sandwichs
⏲ 15 Minuten

150 g Hähnchenbrust • Pfeffer • Salz • 1 EL Öl • 4 Romanasalatblätter • 4 Scheiben Toastbrot • 2 EL laktosefreier Frischkäse • 1 kleine Dose Mais (140 g)

- Die Hähnchenbrust in Streifen schneiden. Mit Pfeffer und Salz würzen und in einer Pfanne in Öl 5 Minuten von beiden Seiten anbraten.

- Den Salat waschen und trocken schütteln. Die Toastbrote auf einer Seite mit Frischkäse bestreichen. Die Hähnchenstreifen auf 2 Scheiben verteilen.

- Jeweils 1 EL Mais auf die Scheiben geben und mit 2 Salatblättern bedecken. Mit den beiden anderen Toastscheiben bedecken und andrücken.

- Die Sandwichs im Sandwichmaker oder einfach im Waffeleisen toasten.

Add-on Für alle, die Knoblauch vertragen, kann das Hähnchen mit einer ganzen Knoblauchzehe gebraten werden, die hinterher entfernt wird.

Gruß aus Italien

Sandwich Capreser Art

Für 2 Sandwichs
⏲ 7 Minuten

1 Kugel laktosefreier Mozzarella • Pfeffer • Salz • 1 rote Paprikaschote • 2 Stängel Basilikum • 2 EL Basilikumpesto • 4 Scheiben Toast • 1 EL natives Olivenöl extra

- Den Mozzarella in Scheiben schneiden und mit Pfeffer und Salz würzen. Paprikaschote halbieren, Samen und Scheidewände entfernen, das Fruchtfleisch waschen und in Ringe schneiden. Basilikum waschen und trocken schütteln.

- 2 Toastbrotscheiben auf einer Seite mit Pesto bestreichen und dachziegelartig mit Mozzarella und Paprika belegen. Anschließend die Basilikumblättchen darauf verteilen, mit Öl beträufeln und mit den übrigen Brotscheiben bedecken.

- Gut andrücken und im Waffeleisen oder Sandwichmaker toasten.

Add-on Für alle, die es vertragen, können statt Paprika auch Tomatenscheiben und zusätzlich Crema di Balsamico verwendet werden.

Kräuterfrisch

Zucchini-Frischkäse-Dip

Für ein Schälchen

5 Minuten

1 Pck. Frischkäse • 1 kleine Zucchini • ½ TL Salz • ½ TL Zucker • 1 TL Kräuter der Provence

- Frischkäse in ein Schälchen geben. Zucchini waschen, klein schneiden und pürieren.

- Zucchini zum Frischkäse geben und unterrühren.

- Mit Salz, Zucker und Kräutern der Provence abschmecken.

Das passt dazu Der Frischkäse schmeckt auf Brot, zu Rohkost oder erwärmt zu Nudeln.

Variante 1 Für einen Paprikadip statt Zucchini 1 kleine rote Paprikaschote pürieren und statt mit Kräutern der Provence mit italienischen Kräutern würzen. Nach Wunsch mit Chiliflocken nach Verträglichkeit würzen.

Variante 2 Statt Frischkäse kann vegane Streichcreme natur verwendet werden – dann ist der Dip sogar vegan.

Veggie-Snack zum Mitnehmen

Zucchini-Paprika-Muffins

Für 12 Stück

15 Minuten + 30 Minuten Backzeit

1 Zucchini • 1 rote Paprikaschote • ½ Bund Basilikum • 1 Feta (kann auch weggelassen werden, dann 1 Pck. Pinienkerne nehmen) • 230 g Weizenmehl • 2 TL Backpulver • Salz • 80 ml Olivenöl • 2 Eier • 200 ml Pflanzendrink (oder Milch nach Verträglichkeit)

- Zucchini und Paprika waschen und in kleine Würfel schneiden. Den Backofen auf 180 °C Ober-/Unterhitze vorheizen und Papierförmchen in ein Muffinblech setzen.

- Basilikum waschen, trocken schütteln, Blättchen abzupfen und klein hacken. Feta waschen und in Würfel schneiden.

- Mehl mit Backpulver und 1 TL Salz in einer Schüssel verrühren. Öl, Eier und Pflanzendrink in einer weiteren Schüssel verrühren. Dann die Mehlmischung unterheben.

- Zucchini, Paprika und Feta (oder die Pinienkerne) und Basilikum dazugeben und vermischen. In 12 Förmchen füllen und Muffins 25–30 Minuten auf der mittleren Schiene backen.

Variante Für Brokkolimuffins Zucchini, Paprika, Basilikum und Feta durch 200 g bissfest gegarten Brokkoli, ½ Bund gehackte Petersilie und 100 g gewürfelten gekochten Schinken ersetzen.

Add-on Für diejenigen, die es vertragen, herzhaften Bergkäse oder Speck nehmen (mit Speck nicht mehr vegetarisch).

Kinderhit

Arme Ritter

Für 4 Personen

15 Minuten

370 ml Pflanzendrink • 3 Eier • 1 EL Zucker • 1 Prise Salz • 2 EL Vanillezucker • 8 Scheiben Toastbrot • Butter zum Ausbacken

- Den Pflanzendrink in eine flache Schüssel oder einen tiefen Teller geben.
- Eier, Zucker, Salz und Vanillezucker hinzufügen und verquirlen.
- Die Toastbrotscheiben nacheinander darin einweichen, abtropfen lassen und in etwas Butter ausbacken.

Das passt dazu Mit Zimt-Zucker bestreuen und, wenn verträglich, mit Apfelmus servieren.

Variante Für ein »Armes Burgfräulein« nimmt man in Scheiben geschnittenen altbackenen Hefezopf.

Für Süßschnäbel

Pfannkuchen mit frischen Früchten

Für 4 Personen

30 Minuten

6 Eier • 3 EL Zucker • 400 g Weizenmehl • 750 ml Haferdrink • ½ TL Salz • Rapsöl zum Braten • 250 g frische Früchte der Saison

- Eier und Zucker mit dem Handrührgerät schaumig rühren.
- Mehl und Haferdrink abwechselnd zugeben und gut verrühren. Schließlich das Salz hinzufügen.
- Pfannkuchen portionsweise in etwas Öl in der Pfanne ausbacken.
- Die Früchte waschen und zu den Pfannkuchen servieren.

Add-on Für Gäste und Familienmitglieder ohne Intoleranzen Schwarzwälder-Kirsch-Pfannkuchen herstellen. Dazu die Pfannkuchen mit Sauerkirschen, Schlagsahne und Zartbitterschokoladeraspeln toppen.

Vollwertig

Cracker mit Hanfsamen

Für ein Blech

10 Minuten + 25 Minuten Backzeit

60 g Kürbiskerne • 40 g Chia-Samen • 50 g Hanfsamen • 50 g Pistazien • 40 g Haferflocken • 100 g Dinkelmehl • 150 g Weizenmehl plus etwas für die Arbeitsfläche • 50 g Olivenöl • 1 TL Salz

- Den Backofen auf 175 °C Ober-/Unterhitze vorheizen. Kürbiskerne, Chia- und Hanfsamen und Pistazien mit dem Mixer grob mahlen.

- Die übrigen Zutaten mit 160 ml warmem Wasser hinzufügen und gut vermischen.

- Auf einer bemehlten Arbeitsfläche ½ cm dick ausrollen und in Dreiecke schneiden.

- Auf ein mit Backpapier belegtes Backblech legen und 20–25 Minuten im Backofen backen.

Add-on Für alle, die es mögen und vertragen, kann etwas geriebener Bergkäse hinzugegeben werden.

Knuspern schön

Sesam- und Chia-Grissini

Für ca. 20 Stück

15 Minuten + 40 Minuten Gehzeit + 15 Minuten Backzeit

½ Würfel Hefe (20 g) • 1 EL Zucker • 250 g Weizenmehl plus etwas für die Arbeitsfläche • ½ TL Salz • 2 EL weiche Butter • 1 EL Sesamsamen • 1 EL Chia-Samen

- Die Hefe in eine Schüssel bröseln. 125 ml lauwarmes Wasser und den Zucker hinzufügen und leicht verrühren. Danach auch Mehl, Salz und Butter dazugeben. Alles gut verkneten und 30 Minuten gehen lassen.

- Den Teig auf einer bemehlten Arbeitsfläche in 15–20 cm lange und 1 cm breite Streifen teilen. Die Streifen auf ein mit Backpapier belegtes Backblech legen, mit Wasser bestreichen und die Samen daraufstreuen.

- Den Backofen auf 200 °C Ober-/Unterhitze vorheizen. Die Grissini weitere 10 Minuten gehen lassen.

- Die Grissini im vorgeheizten Ofen 15 Minuten auf der mittleren Schiene backen.

Dazu passt perfekt Zucchini-Frischkäse-Dip (Seite 65) – oder einfach mitnehmen und unterwegs pur essen.

Mexikanisch

Paprika-Tortilla mit Schinken

Für eine Pfanne

25 Minuten + 20 Minuten Backzeit

450 g festkochende Kartoffeln • Salz • 200 g gekochter Schinken • 1 gelbe Paprikaschote • 2 Stängel Petersilie • 6 Eier • 2 EL Pflanzendrink • 2 Prisen Pfeffer • 2 EL Öl

- Die Kartoffeln 20 Minuten im Salzwasser garen.

- Währenddessen den Schinken würfeln, die Paprikaschote halbieren, Samen und Scheidewände entfernen und das Fruchtfleisch waschen und ebenfalls würfeln. Die Petersilie waschen, trocken schütteln und die Blättchen abzupfen.

- Eier, Pflanzendrink, Petersilie, ½ TL Salz und Pfeffer in eine Schüssel geben und verquirlen. Den Backofen auf 160 °C Ober-/Unterhitze vorheizen.

- Die Kartoffeln abgießen, pellen und in Scheiben schneiden.

- Eine Pfanne oder Kuchenform mit Öl auspinseln und die Hälfte der Kartoffeln einschichten. Schinken und Paprika darauf verteilen. Dann die restlichen Kartoffeln daraufschichten und die Eimasse darübergießen. Im vorgeheizten Backofen ca. 20 Minuten garen.

Add-on Eine Hälfte des Teigs für alle, die es vertragen, teilen, mit Speck und Zwiebeln vermischen und in 2 getrennten Pfannen stocken lassen.

Exotisch

Asiatisches Gemüse in Kokosmilch

Für 4 Personen

15 Minuten

500 g gemischtes Gemüse (z. B. Paprikaschoten, Möhren, Pak Choi, Zuckerschoten, Mais) • 2 EL Öl • 200 ml Kokosmilch • Salz • Pfeffer • ½ TL Thai-Gewürzpulver (Seite 44) (alternativ 1 TL Currypulver nach Verträglichkeit) • 1 Handvoll gehackte Macadamianüsse (können auch weggelassen werden)

- Das Gemüse waschen, wenn nötig schälen und klein schneiden.

- In einer Pfanne in etwas Öl 5 Minuten anbraten. Mit Kokosmilch ablöschen.

- Mit Salz, Pfeffer und Thai-Gewürzpulver oder Curry würzen und noch 5 Minuten durchziehen lassen.

- Nach Wunsch mit gerösteten Macadamianüssen bestreuen.

Das passt dazu Reis und Fisch

» Paprika-Tortilla mit Schinken

Klassiker auf neue Art

Kürbis-Ratatouille

Für 4 Personen

20 Minuten

- 750 g Hokkaidokürbis
- 1–2 kleine Zucchini
- je 1 grüne, rote und gelbe Paprikaschote
- 1 kleine weiße Zwiebel (nach Verträglichkeit) oder 4 Frühlingszwiebeln (grüner Teil)
- 3 EL Olivenöl
- ½ Bund Basilikum
- 2 Zweige Thymian
- 1 TL Reissirup oder brauner Zucker
- Salz
- Pfeffer
- 1 EL Frischkäse oder Mandelmus

● Kürbis und Zucchini waschen. Kürbis in mundgerechte Stücke, Zucchini in Scheiben schneiden. Paprikaschote halbieren, Samen und Scheidewände entfernen, das Fruchtfleisch waschen und ebenfalls in mundgerechte Stücke schneiden. Zwiebel schälen und in Ringe schneiden bzw. Frühlingszwiebeln waschen und nur das Grün in Ringe schneiden. Kräuter waschen, trocken schütteln und klein schneiden.

● Das Gemüse in dem Öl in einer Pfanne anbraten, die frischen Kräuter hinzufügen, mit etwas Reissirup karamellisieren und 10 Minuten zugedeckt dünsten.

● Mit Salz und Pfeffer würzen. Am Ende der Garzeit den Frischkäse dazugeben.

Das passt dazu Kurz gebratenes Fleisch, Ofenkartoffeln, Penne oder zu Baguette als leichtes Hauptgericht

Toll im Sommer

Gebratene Zucchini mit Pinienkernen

Für 4 Personen
15 Minuten

2 gelbe Zucchini • 1 grüne Zucchini • Salz • Pfeffer • 3 EL Olivenöl • 1 Pck. Pinienkerne • 3 Stängel Basilikum • 1 Pck. Feta

- Die Zucchini waschen, in sehr dünne Scheiben schneiden oder hobeln, mit Salz und Pfeffer würzen und in der Pfanne in dem Öl von beiden Seiten etwa 5 Minuten anbraten.

- Die Pinienkerne hinzufügen und weitere 2 Minuten rösten. Basilikum waschen, trocken schütteln, die Blättchen abzupfen und zu den Zucchini geben.

- Den Feta am Schluss darüber bröseln und nur kurz warm werden lassen.

Das passt dazu Mit geröstetem Brot oder als Beilage zu Gegrilltem servieren. Passt auch zu Nudeln, am besten zu Spaghetti.

Gelingt leicht

Bunte Gemüsepfanne

Für 4 Personen
15 Minuten

500 g Gemüse der Saison (z. B. Paprika, gelbe Zucchini, Möhren, Butternusskürbis, Zuckerschoten, Pak Choi, Zucchini, Fenchel, Mais, Möhren, Brokkoli, Blumenkohl) • 2 EL Olivenöl • Pfeffer • Salz • ½ TL Gemüsebrühpulver (Seite 45)

- Das Gemüse waschen, wenn nötig schälen und klein schneiden. Nur Brokkoli und Blumenkohl 5 Minuten im Salzwasser vorgaren.

- Das Gemüse 5–10 Minuten in der Pfanne in dem Öl anbraten.

- Mit Pfeffer, Salz und Gemüsebrühpulver würzen.

Variante Das Gemüse kann auch mit 200 ml Gemüsebrühe abgelöscht und anschließend püriert werden. So eignet es sich als Sauce oder Pizzabelag.

Add-on Für alle, die es vertragen, kann am Ende unter einen Teil des Gemüses ein Klecks Tomatenmark oder Ketchup gerührt werden.

Zart und knackig

Gebackener Blumenkohl mit Mandeln

Für 4 Personen
20 Minuten

200 g Blumenkohl • Salz • 80 g Weizenmehl • 80 g gemahlene Mandeln • 2 Eier • Pfeffer • 3 EL Öl

- Den Blumenkohl in Röschen teilen, waschen und 10 Minuten im Salzwasser garen. Das Mehl mit den Mandeln in einem tiefen Teller vermischen.

- Die Eier mit Salz und Pfeffer in einem weiteren tiefen Teller verquirlen. Die Röschen darin wenden und anschließend in der Mehl-Mandel-Mischung wälzen.

- In einer Pfanne in dem Öl ausbacken.

Add-on Für alle, die es vertragen, noch etwas Parmesan zu der Mehl-Mandel-Mischung geben.

« Ofen-Fenchel mit Mozzarella

Mediterran

Ofen-Fenchel mit Mozzarella

Für 4 Personen
35 Minuten

2 Fenchelknollen • 2 Eier • 200 ml Pflanzendrink (oder Sahne) • Salz • Pfeffer • 1 Kugel Mozzarella

- Fenchelknollen waschen, vierteln und vom Strunk und den feinen grünen Blättchen befreien. Den Fenchel 10 Minuten in Salzwasser garen.

- Eier mit dem Pflanzendrink verquirlen und mit Salz und Pfeffer würzen. Den Backofen auf 150 °C Ober-/Unterhitze vorheizen.

- Den weich gegarten Fenchel in eine Auflaufform legen und mit der Ei-Pflanzendrink-Masse übergießen.

- Den Mozzarella in Scheiben schneiden, auf die Masse legen und 20 Minuten im vorgeheizten Ofen bräunen.

Das passt dazu Nudeln oder kurzgebratenes Fleisch

Add-on Für Gäste oder Familienmitglieder ohne Unverträglichkeiten die doppelte Menge zubereiten und mit würzigem Bergkäse belegen.

SALATE UND SUPPEN

Sorgt für Sommerlaune

Zucchinisalat mit Pfirsich

Für 4 Portionen

20 Minuten

2 Weinbergpfirsiche • 1/4 Bund Koriander • 1/4 Bund Zitronenthymian • 4 kleine Zucchini • 4 Frühlingszwiebeln (grüner Teil) • 5 EL Rapsöl • Pfeffer • Salz • 1 TL Apfelessig (oder 2 TL Verjus) • 1 EL Reissirup

- Die Pfirsiche waschen, häuten, halbieren und die Steine entfernen. Fruchtfleisch in dünne Scheiben schneiden.

- Die Kräuter waschen, trocken schütteln, Blättchen abzupfen und klein schneiden. Die Zucchini waschen, halbieren und in der Länge nach in Scheiben schneiden. Das Grüne der Frühlingszwiebeln waschen und in Ringe schneiden.

- In einer Pfanne 1 EL Öl erhitzen und das Gemüse 5 Minuten darin dünsten. Mit Pfeffer und Salz würzen.

- Das restliche Öl mit dem Apfelessig und dem Reissirup in einer Schüssel vermischen, mit Salz und Pfeffer abschmecken und die Pfirsiche hinzufügen.

- Das Gemüse und die Kräuter hinzugeben und nochmals abschmecken.

Add-on Für Gäste und Familienmitglieder ohne Intoleranzen: mit gebackenem Ziegenkäse und Honig reichen.

Passend für alle Salate

Salatdressing klassisch

Für einen Salat

5 Minuten

3 EL Oliven- oder Rapsöl • 1 EL Apfelessig (oder 2 EL Verjus) • ½ TL Zucker • ¼ TL Salz • 1 TL Salatsaucenpulver (Seite 44) • 1 TL Senf (nach Verträglichkeit)

- Alle Zutaten miteinander verrühren.

Tipp Frische Kräuter wie Sauerampfer, Pimpinelle oder Schnittlauch hinzufügen, sorgt für viel Vitamin K im Salat.

Zu fruchtigen oder winterlichen Salaten

Süße Vinaigrette

Für einen Salat

5 Minuten

2 EL Öl • 1 EL Apfelessig (oder 2 EL Verjus) • 1 EL Sahne • 1 EL Reissirup • ¼ TL Salz • 1 Prise Pfeffer

- Alle Zutaten miteinander vermischen.

Schmeckt zu Blattsalaten

Stachelbeer-Salatdressing

Für einen Salat

5 Minuten

2 EL Stachelbeerkonfitüre oder -gelee • 3 EL Olivenöl • ¼ TL Salz • 1 Prise Pfeffer • 5 Stängel Pimpinelle (alternativ Basilikum, Schnittlauch oder 1 Stängel Zitronenthymian)

- Die Konfitüre mit dem Öl glattrühren und mit Salz und Pfeffer würzen. Pimpinelle waschen, Blättchen abzupfen und fein hacken. Alles miteinander vermischen.

Variante Mit Brombeerkonfitüre schmeckt das Dressing auch sehr lecker. Es ähnelt farblich einer Balsamicocreme und kann wie diese verwendet werden.

Tipp Auch geeignet als Marinade für Mozzarella-Paprika mit Basilikum.

Nussig

Macadamia-Vinaigrette

Für einen Salat

5 Minuten

2 EL Öl • 1 EL Apfelessig (oder 2 EL Verjus) • 2 EL Macadamiacreme • 1 TL Reissirup • ¼ TL Salz • 1 Prise Pfeffer • 2 EL gehackte Macadamianüsse

- Alle Zutaten bis auf die gehackten Nüsse miteinander vermischen und gut glattrühren.

- Die Nüsse hinzugeben und über dem Salat verteilen.

Tipp Die Macadamiacreme gegen Mandelmus austauschen, dann auch gehackte Mandeln nehmen.

Vegan und frisch

Reissalat mit Antipasti-Gemüse

Für 4 Personen
20 Minuten

1½ Tassen Reis • Salz • 1 mittelgroße grüne Zucchini • 1 gelbe Paprikaschote • 200 g Muskat- oder Hokkaidokürbis • 5 EL Olivenöl • frisch gemahlener schwarzer Pfeffer • 1 TL Kräuter der Provence • ½ TL gemahlene Kurkuma • 1 EL Apfelessig (oder 2 EL Verjus)

- Den Reis gut waschen, damit ein Teil der Stärke entfernt wird. In der doppelten Menge Wasser mit 1 TL Salz nach Packungsanweisung kochen.

- In der Zwischenzeit Zucchini waschen und würfeln, Paprikaschote halbieren, Samen und Scheidewände entfernen, das Fruchtfleisch waschen und würfeln. Muskatkürbis schälen (Hokkaido nur waschen, er kann ungeschält verwendet werden), die Kerne entfernen und das Fruchtfleisch würfeln.

- Das Gemüse in 2 EL Öl anbraten und bei schwacher Hitze 10 Minuten garen. Mit Pfeffer, Salz, Kräutern der Provence und Kurkuma abschmecken.

Den gekochten Reis unter fließendem Wasser in einem Sieb waschen und kurz auskühlen lassen. Mit dem Gemüse, dem restlichen Öl und dem Apfelessig vermischen. Nach Bedarf noch einmal abschmecken.

Das passt dazu Gegrillte Pute oder gebackener Feta

Herbstgenuss

Romanasalat mit zweierlei Möhren

Für 4 Personen
10 Minuten

1 Romanasalat • 1 gelbe Möhre • 1 lila Möhre • 1 rote Paprikaschote • 1 Bund Frühlingszwiebeln (nur der grüne Teil) • klassisches Salatdressing (Seite 76)

- Salat waschen, trocken schleudern und klein zupfen. Die Möhren waschen, schälen und raspeln. Paprikaschote halbieren, Samen und Scheidewände entfernen, das Fruchtfleisch waschen und in Würfel schneiden. Frühlingszwiebeln waschen und nur den grünen Teil in Ringe schneiden.

- Alle Zutaten in eine Schüssel geben. Ein klassisches Salatdressing zubereiten und erst kurz vor dem Essen über den Salat gießen.

Add-on Für alle, die es vertragen, auch den weißen Teil der Frühlingszwiebeln in Ringe schneiden, 2 Tomaten würfeln und alles mit Balsamessig marinierten. Getrennt zum Salat reichen.

Sättigend

Eisbergsalat mit Putenstreifen und Croûtons

Für 4 Personen

15 Minuten

1 Eisbergsalat • 300 g Putenschnitzel • Salz • Pfeffer • 6 EL Öl • 4 Scheiben Ciabatta • 1 grüne Paprikaschote • 300 g Mais (Glas) • 1 EL Apfelessig (oder 2 EL Verjus) • ½ TL Zucker

- Den Salat waschen, trocken schleudern und klein zupfen. Die Putenschnitzel in Streifen schneiden und mit Salz und Pfeffer würzen.

- Die Putenschnitzel in 3 EL Öl in einer Pfanne 7 Minuten anbraten. Die Ciabattascheiben würfeln und kurz mit dem Fleisch in der Pfanne rösten.

- Paprikaschote halbieren, Samen und Scheidewände entfernen, das Fruchtfleisch waschen und klein schneiden. Zusammen mit dem abgetropften Mais und dem Salat in eine Schüssel geben.

- Ein Dressing aus Essig, restlichem Öl, ¼ TL Salz, 1 Prise Pfeffer und dem Zucker anrühren und über den Salat gießen.

- Alles vermischen und auf 4 Tellern verteilen. Zuletzt das Putenfleisch und die Croûtons über den Salat geben.

Tipp Zusätzlich Fetawürfel zum Salat reichen. Den Feta vorher gut waschen oder 10 Minuten in Wasser einlegen, das macht ihn verträglicher.

Knackig frisch

Feldsalat mit Granatapfel und Pinienkernen

Für 4 Personen

10 Minuten

1 Schälchen Feldsalat • 1 Granatapfel • 1 Pck. Pinienkerne • 3 EL Olivenöl • 1 EL Apfelessig (oder 2 EL Verjus) • ¼ TL Salz • 1 Prise Pfeffer • ½ TL Zucker • 2 Scheiben Toastbrot

- Salat waschen, trocken schleudern und die Wurzeln abschneiden. Die Granatapfelkerne auslösen und die Pinienkerne in einer Pfanne ohne Öl rösten.

- Für das Dressing Öl, Apfelessig, Salz, Pfeffer und Zucker glattrühren.

- Den Salat auf Tellern anrichten, die Pinienkerne und das Dressing darübergeben.

- Das Toastbrot rösten und dazu servieren.

Add-on Für Gäste oder Familienmitglieder, die es vertagen, noch gebratene Speckwürfel darübergeben.

Fürs Sommerbüffet

Spaghetti-Pesto-Salat mit Zucchini

Ergibt eine Schüssel
15 Minuten

300 g Spaghetti • Salz • 2 Zucchini • Pfeffer • 2 EL Öl • 100 g geröstete geschälte Hanfsamen • ½ Glas Basilikumpesto

- Die Nudeln nach Packungsanweisung in Salzwasser kochen. Die Zucchini waschen, halbieren und in Scheiben schneiden, pfeffern und salzen.

- In dem Öl in der Pfanne 5 Minuten braten. Die Hanfsamen dazugeben und kurz weiter rösten.

- Die Spaghetti abschrecken und mit dem Pesto und den Hanfsamen-Zucchini vermischen.

Tipp Das Gericht kann natürlich auch warm gegessen werden, dann für 4 Personen 500 g Nudeln verwenden.

Afrikanisch

Blitzschneller Couscous mit Granatapfel

Für 4 Personen
10 Minuten

200 g Couscous • 1 TL Gemüsebrühpulver (Seite 45) • 1 Zucchini • 1 gelbe Paprikaschote • 70 g Granatapfelkerne • Koriander oder Schnittknoblauch (nach Verträglichkeit und Geschmack) • 1 Bund Petersilie • 4 EL Olivenöl • 1 TL Apfelessig (oder 2 EL Verjus) • Salz • Pfeffer

- 500 ml Wasser zum Kochen bringen und über den Couscous gießen. Gemüsebrühpulver hinzufügen, umrühren und den Couscous 5 Minuten quellen lassen.

- Währenddessen die Zucchini waschen und raspeln. Paprikaschote halbieren, Samen und Scheidewände entfernen, das Fruchtfleisch waschen und klein schneiden. Die Granatapfelkerne auslösen.

- Koriander oder Schnittknoblauch, falls verwendet, sowie die Petersilie waschen, trocken schütteln und klein schneiden.

- Alles zusammen mit allen weiteren Zutaten zu dem Couscous geben, verrühren und abschmecken.

Das passt dazu Gegrilltes Fleisch wie Lamm – oder als Picknick zum Mitnehmen

Erntedanksalat

Feldsalat mit Zweierlei vom Kürbis

Für 4 Personen
15 Minuten

300 g Hokkaidokürbis • Pfeffer • Salz • 2 EL Olivenöl • 3 EL Kürbiskerne • 1 Schale Feldsalat • Klassisches Salatdressing (Seite 76)

- Den Kürbis waschen und in mundgerechte Stücke schneiden. Pfeffern, salzen und in einer Pfanne in Öl 10 Minuten anbraten. Kurz vor Ende der Garzeit die Kürbiskerne hinzufügen und kurz mitrösten.

- Währenddessen den Salat gründlich waschen, trocken schütteln und die Wurzeln abschneiden. Das Saladressing anrühren.

- Den Feldsalat auf 4 Teller verteilen und den gebratenen Kürbis mit den Kernen darauf verteilen.

- Zum Schluss die Salatsauce darübergeben.

Das passt dazu Geröstetes Brot mit Kräuterbutter

Winterlich und nussig

Radicchio-Chicorée-Salat mit Äpfeln

Für 4 Personen
8 Minuten

1 Radicchio • 1 Chicorée • 1 kleiner Apfel • 1 Möhre • Süße Vinaigrette (Seite 76) • 1 Handvoll gehackte Mandeln, Para- oder Macadamianüsse

- Die Salate waschen, trocken schleudern und klein schneiden. Apfel und Möhre schälen und raspeln. Die Vinaigrette anrühren.

- Alle Zutaten miteinander vermischen und auf Tellern anrichten. Zum Schluss die Vinaigrette darübergeben.

Add-on Für Gäste oder Familienmitglieder, die es vertragen, können Orangenfilets, Himbeeren und Walnüsse zusätzlich bereitgestellt werden.

Kunterbunt

Nudelsalat mit Mais, Bohnen und Paprika

Ergibt eine Schüssel
15 Minuten

- 300 g kleine Nudeln
- Salz
- 300 g Mais (Glas)
- 300 g Kidneybohnen (Glas)
- 1 rote Paprikaschote
- 3 EL Öl
- ½ EL Apfelessig (oder 1 EL Verjus) oder sonstiger verträglicher Essig
- 2 EL Sahne oder Mandelmus
- 1 EL Aivar
- Pfeffer

● Die Nudeln nach Packungsanweisung im Salzwasser kochen. Den Mais und die Bohnen in einem Sieb abspülen, abtropfen lassen und in eine Salatschüssel geben. Paprikaschote halbieren, Samen und Scheidewände entfernen, das Fruchtfleisch waschen und würfeln und zur Mais-Bohnen-Mischung hinzufügen.

● Ein Dressing aus Öl, Essig, Sahne oder Mandelmus und Aivar anrühren und über das Gemüse gießen.

● Mit Salz und Pfeffer abschmecken. Die Nudeln in einem Sieb mit kaltem Wasser abspülen und in die Salatschüssel geben.

● Alles gut vermischen und kurz ziehen lassen.

Add-on Für Familienmitglieder, die es vertragen oder für Gäste kann 1 EL Tomatenmark oder Ketchup in das Dressing gerührt werden, dann vorher den Salat aufteilen.

Tipp Diese kleinen Mengen an Kidneybohnen werden meist vertragen. Falls nicht, einfach stattdessen eine gelbe Paprika verwenden.

Vitaminreich in den Herbst

Kürbis-Kokos-Suppe

Für 4 Personen
25 Minuten

250 g Hokkaidokürbis • 1 Möhre • 100 g Knollensellerie • 2 EL Öl • 500 ml Gemüsebrühe • 250 ml Kokosmilch • Salz • Pfeffer • frischer oder gemahlener Ingwer • 2 EL Kürbiskerne

- Kürbis, Möhre und Sellerie waschen, nach Bedarf schälen und klein schneiden.
- In einem Topf in dem Öl anschwitzen und mit der Gemüsebrühe ablöschen. 15 Minuten köcheln lassen.
- Dann die Kokosmilch hinzufügen, mit Salz, Pfeffer und Ingwer würzen und alles pürieren.
- In 4 Suppenteller geben, die Kürbiskerne darauf verteilen und servieren.

Add-on Für Gäste und Familienmitglieder ohne Unverträglichkeiten etwas Kürbiskernöl auf der Suppe verteilen.

Typisch schwäbisch

Flädlesuppe

Für 4 Personen
45 Minuten

2 Möhren • 1 Stück Knollensellerie • 1 Petersilienwurzel • 1 Zwiebel • 1 EL Öl • 400 g Rindfleisch • ½ TL Salz • 2 Pfefferkörner • 1 Wacholderbeere • 1 Lorbeerblatt • 1 TL Gemüsebrühpulver (Seite 45) zum Abschmecken • 2 Pfannkuchen (z.B. Rest vom Vortag)

- Möhren, Sellerie und Petersilienwurzel waschen, schälen und in Stücke schneiden.
- Die Zwiebel ungeschält halbieren und in einem Schnellkochtopf in dem Öl anrösten. Das Rindfleisch dazugeben und von allen Seiten scharf anbraten.
- Möhren, Sellerie und Petersilienwurzel hinzufügen und 1 l Wasser angießen. Die Gewürze dazugeben und mindestens 30 Minuten im Schnellkochtopf garen.
- Die Pfannkuchen in feine Streifen schneiden.
- Die Suppe durch ein Sieb abgießen, eventuell nachwürzen und auf 4 Suppenteller verteilen.
- Die »Flädle« auf die Suppe geben und sofort servieren.

Tipp Auch ein paar Blättchen Petersilie passen gut dazu.

» Kürbis-Kokos-Suppe

Cremig und kross

Petersilienwurzelsuppe mit Chips

Für 4 Portionen

30 Minuten

- 500 g Petersilienwurzeln
- 1 Schalotte (nach Verträglichkeit) oder 3 Frühlingszwiebeln (grüner Teil)
- 1 Kartoffel
- 4 EL Öl
- 1 TL Gemüsebrühpulver (Seite 45)
- Pfeffer
- Salz

● Die Petersilienwurzeln waschen. Einen Teil zu schmalen Ringen zum Frittieren schneiden. Den Rest würfeln. Schalotte schälen und in Ringe schneiden bzw. Grün der Frühlingszwiebeln waschen und klein schneiden. Die Kartoffel schälen und ebenfalls klein schneiden.

● Die Schalotte bzw. Grün der Frühlingszwiebeln in einem Topf in 1 EL Öl anschwitzen. Das Gemüse hinzufügen, mit 500 ml Wasser ablöschen und mit dem Gemüsebrühpulver würzen.

● Petersilienwurzelscheiben in einer kleinen Pfanne im restlichen Öl kross anbraten.

● Die Suppe 20 Minuten köcheln lassen, pürieren und mit Pfeffer und Salz abschmecken. In 4 Suppenteller verteilen und die Chips daraufgeben.

Variante Die Petersilienwurzel durch Pastinaken oder Süßkartoffeln ersetzen.

Tipp Schneller geht es mit fertig gekauften Gemüsechips statt der kross gebratenen Petersilienwurzelscheiben. Rote-Bete-Chips sehen besonders toll aus.

Sommerlich leicht

Zucchinisuppe

Für 4 Personen
⏲ 20 Minuten

500 g Zucchini • 120 g Kartoffeln • 3 EL Olivenöl • 600 ml Gemüsebrühe • 1 Kaffir-Limettenblatt • 40 g Sahne oder 2 EL weißes Mandelmus • Salz • Pfeffer

- Zucchini und Kartoffeln waschen. Kartoffeln schälen und die Zucchini in Würfel schneiden.

- Öl in einen Topf geben und die Zucchini kurz anschwitzen. Mit der Gemüsebrühe ablöschen, das Limettenblatt hinzugeben und alles 15 Minuten köcheln lassen.

- Das Limettenblatt entfernen, Sahne oder Mandelmus hinzufügen und alles pürieren.

- Mit Salz und Pfeffer abschmecken und in 4 Suppenteller verteilen.

Das passt dazu Mit Kräuter-Baguette servieren

Add-on Für die, die es vertragen, geräucherten Lachs als Einlage verwenden.

Fein fruchtig

Mango-Süßkartoffel-Suppe

Für 4 Personen
⏲ 20 Minuten

200 g Möhren • 200 g Süßkartoffeln • 2 Mangos • 500 ml Gemüsebrühe • ca. 2 cm frischer Ingwer • 400 g Hähnchengeschnetzeltes • Salz • Pfeffer • 2 EL Butter • 200 ml Kokosmilch

- Möhren und Süßkartoffeln schälen und klein schneiden. Mangos schälen, das Fruchtfleisch vom Kern schneiden und ebenfalls klein schneiden.

- Möhren, Süßkartoffeln und Mangos mit der Gemüsebrühe in einen Topf geben und zum Kochen bringen.

- Den Ingwer schälen, in den Topf geben und 15 Minuten mitköcheln lassen.

- Das Hähnchengeschnetzelte salzen und pfeffern. In einer Pfanne in der Butter 10 Minuten anbraten.

- Die Suppe pürieren und mit Kokosmilch auffüllen. Nochmals abschmecken.

- Die Suppe in 4 Suppenteller geben und das Fleisch auf der Suppe verteilen.

Kräftig

Rinderbouillon

Für 2 l

50 Minuten

3 Möhren • 1 Stück Knollensellerie • 1 Petersilienwurzel • 1 Zwiebel • 500 g Rinderknochen • 400 g Rindfleisch (Suppenfleisch) • 1 EL Öl • 1 TL Salz • 5 Pfefferkörner • 3 Wacholderbeeren • 1 Lorbeerblatt • 1 TL Gemüsebrühpulver (Seite 45)

- Möhren, Sellerie und Petersilienwurzel schälen und in Stücke schneiden. Die Zwiebel nur halbieren und nicht schälen. Die Knochen und das Fleisch waschen und abtupfen.

- Die Rinderknochen kurz mit kochendem Wasser überbrühen und den Schaum abspülen. Die Zwiebel in einem Schnellkochtopf in dem Öl anrösten. Das Rindfleisch dazugeben und von allen Seiten scharf anbraten.

- Die Rinderknochen, das Gemüse und die Gewürze hinzufügen und 2 l Wasser angießen. Mindestens 30 Minuten im Schnellkochtopf garen.

- Das Fleisch herausnehmen und die Brühe durch ein feines Sieb gießen. Abschmecken.

- Die Suppe auf 4 Teller verteilen.

Tipps Das Rindfleisch in Scheiben schneiden und mit etwas Meerrettich nach Verträglichkeit genießen. Die Brühe für die Maultaschen (Seite 109) verwenden.

Herzerwärmend

Hühnersuppe mit Nudeln

Für 4 Personen

45 Minuten

2 Möhren • 1 Stück Knollensellerie • 1 Petersilienwurzel • 1 Zwiebel • 1 EL Öl • 1 Suppenhuhn • ½ TL Salz • 2 Pfefferkörner • 1 Wacholderbeere • 1 Lorbeerblatt • 1 TL Gemüsebrühpulver (Seite 45) • 200 g kurze Makkaroni • gehackte glatte Petersilie

- Möhren, Sellerie und Petersilienwurzel schälen und in Stücke schneiden.

- Die Zwiebel ungeschält halbieren und in einem Schnellkochtopf in dem Öl anrösten. Das Suppenhuhn waschen, von Federn und Fettbürzel befreien und in den Topf geben.

- Das Gemüse hinzufügen und 1 l Wasser angießen. Die Gewürze und das Gemüsebrühpulver dazugeben und mindestens 30 Minuten im Schnellkochtopf garen.

- Am Ende der Garzeit das Huhn herausnehmen. Die Suppe durch ein Sieb in einen Topf gießen. Die Nudeln dazugeben und nach Packungsanweisung garen.

- Das Fleisch vom Huhn lösen, ein paar der gekochten Gemüsestücke aus dem Sieb nehmen und alles zusammen wieder zur Suppe geben. Auf 4 Suppenteller verteilen und mit Petersilie bestreuen.

Variante Auch ein Stück Ingwer passt sehr gut in die Suppe.

» Hühnersuppe mit Nudeln

ZUM SATTESSEN

Macht was her

Putenröllchen mit Pesto-Füllung

Für 4 Personen
30 Minuten

4 dünne Putenschnitzel • ½ Glas Kräuterpesto (Seite 43) oder Basilikum-Pesto • 1 Pck. Feta • 4 Zweige Rosmarin • 1 Pck. Pinienkerne • 8 Zahnstocher oder Holzspieße zum Fixieren des Fleisches • Salz • Pfeffer • 3 EL Öl

- Das Putenfleisch waschen, trocken tupfen und auf einer Seite mit je 1–2 TL Pesto bestreichen.

- Den Feta waschen und in Würfel schneiden. Je 4 Fetawürfel und 1 Zweig Rosmarin in die Mitte jedes Putenschnitzels legen.

- Die Pinienkerne in einer Pfanne ohne Öl rösten und auf dem Fleisch verteilen. Das Fleisch aufrollen oder zusammenklappen. Mit 2 Holzspießen fixieren und von außen salzen und pfeffern.

- Putenschnitzel in einer Pfanne in dem Öl von allen Seiten anbraten und bei schwacher Hitze 15 Minuten garen.

Variante Wenn Feta nicht vertragen wird, 1 gelbe Paprikaschote nehmen.

Add-on Einen Teil der Putenröllchen mit Pesto rosso, Feta und gehackten Walnüssen füllen, wenn verträglich.

Easy

Ofenkartoffeln mit Rosmarin

Für eine Auflaufform
50 Minuten

500 g Drillinge (kleine Kartoffeln) • 4 EL Öl • 1 TL Salz • 1 Prise Pfeffer • 1 Knoblauchzehe • 3 Stängel Rosmarin

- Die Kartoffeln waschen und in eine Auflaufform geben. Den Backofen auf 180 °C Ober-/Unterhitze vorheizen. Die Kartoffeln mit Öl, Salz und Pfeffer marinieren.

- Die Knoblauchzehe schälen, halbieren und dazulegen. Sie wird nicht mitgegessen, sondern gibt nur ihr Aroma ab.

- Den Rosmarin klein zupfen und hinzugeben.

- Die Kartoffeln auf der mittleren Schiene ca. 45 Minuten backen.

Das passt dazu Quark, Paprika-Kürbis-Ketchup (Seite 47) oder Gegrilltes

Deftig

Bratkartoffeln mit Rührei

Für 4 Personen
30 Minuten

8 mittelgroße Kartoffeln • Salz • 2 EL Butter • Pfeffer • 1 Msp. Paprikapulver • 2 EL Butter • 4 Eier • 2 EL Pflanzendrink • Rührei nach Rezept Seite 52

- Die Kartoffeln waschen, schälen, vierteln und in Salzwasser 15 Minuten garen. Das Wasser abgießen und die Kartoffeln kurz ausdampfen lassen.

- Die Butter in einer Pfanne zerlassen, die Kartoffeln dazugeben, mit Salz, Pfeffer und Paprika würzen und 10 Minuten anbraten.

- In einer weiteren Pfanne das Rührei zubereiten.

Add-on Für alle ohne Intoleranzen mit Speckwürfeln garnieren.

» Ofenkartoffeln mit Rosmarin

Schmeckt nach Meer

Wolfsbarsch mit Erbsen und Rahmlauch

Für 4 Personen
20 Minuten

- 250 g Reis
- Salz
- 1 Stange Lauch
- 2 EL Öl
- Pfeffer oder Gemüsebrühpulver (Seite 45) zum Würzen
- 100 g Sahne (oder 100 ml Pflanzendrink + 2 EL Mandelmus + 1 Msp. Tapiokastärke)
- 300 g Erbsen oder Zuckerschoten (Glas)
- 1 EL Butter
- 100–150 g Wolfsbarsch pro Person
- 3 EL Weizenmehl

● Den Reis nach Packungsanleitung im Salzwasser kochen.

● Währenddessen den Lauch waschen und in Ringe schneiden. In einer Pfanne in dem Öl 10 Minuten anbraten. Je nach Geschmack mit Salz und Pfeffer oder ½ TL Gemüsebrühe würzen und die Sahne hinzufügen.

● Die Erbsen waschen und in einem Topf mit der Butter erwärmen.

● Den Fisch waschen, trocken tupfen und salzen. Anschließend von beiden Seiten mit etwas Mehl bestäuben und in dem Öl von beiden Seiten 6–8 Minuten in einer Pfanne braten.

● Am Schluss den gekochten Reis mit dem Gemüse und dem Fisch auf 4 Tellern anrichten.

Tipp Erbsen in kleiner Menge sind oft gut verträglich. Einfach ausprobieren, ob sie als Tiefkühlware oder aus dem Glas besser sind. Kinder lieben Risi-Bisi!

Einfach und lecker

Selbst gemachte Eiernudeln mit Pesto

Für 4 Personen
15 Minuten + 1 Stunde Ruhezeit

300 g Pastamehl (Type 00) oder Weizenmehl (Type 405) • 2 Eier • 4 Eigelb • 1 TL Salz plus etwas für das Kochwasser • 1 Glas Pesto

- Alle Zutaten bis auf das Pesto zu einem Teig kneten und 1 Stunde ruhen lassen.
- Teig dünn ausrollen und entweder mit einer Nudelmaschine weiterverarbeiten oder mit dem Messer in Streifen schneiden.
- So lange in Salzwasser garen, bis die Nudeln an die Oberfläche schwimmen.
- Gut abtropfen lassen und mit dem Pesto servieren.

Add-on Für Familienmitglieder ohne Intoleranzen kann ein Teil des Teiges mit Tomatenmark oder Kräutern eingefärbt werden.

Tipp Das Eiweiß, das von den 4 Eigelben abfällt, kann zum Backen von Makronen verwendet werden.

Vegan

Penne mit Paprika-Mandel-Sauce

Für 4 Personen
15 Minuten

500 g Penne • Salz • 4 EL gehobelte Mandeln • 1 Handvoll Feldsalat • 2 Frühlingszwiebeln (grüner Teil) • 2 EL Olivenöl • 4 EL Aivar • 4 EL Mandelmus • Pfeffer

- Die Nudeln nach Packungsanleitung in Salzwasser garen. Einen Teil des Kochwassers aufbewahren.
- Die Mandeln in einer Pfanne ohne Öl rösten. Den Feldsalat waschen, trocken schleudern und von den Wurzeln befreien. Das Grün der Frühlingszwiebeln waschen und in Ringe schneiden.
- Frühlingszwiebelgrün in einer Pfanne im Öl glasig dünsten. Den Aivar und das Mandelmus hinzugeben. Mit 8 EL Nudelwasser verdünnen und glattrühren.
- Den Feldsalat zur Sauce geben und kurz durchziehen lassen. Die Nudeln abgießen, mit der Saucen vermengen, pfeffern und auf 4 Teller verteilen. Die Mandeln darüberstreuen.

Add-on Für die Familienmitglieder ohne Intoleranzen mit gehobeltem Parmesan servieren – dann ist das Gericht allerdings natürlich nicht mehr vegan.

Mit feiner Kräuternote

Gnocchi mit Salbeibutter

Für 4 Personen
35 Minuten

500 g mehlig kochende Kartoffeln • Salz • 100 g Weizenmehl • 1 Eigelb • 3 EL Butter • ein paar Salbeiblättchen

- Kartoffeln gründlich waschen und mit Schale 20 Minuten in Salzwasser garen. Noch heiß pellen und kurz ausdampfen lassen.

- Kartoffeln durch eine Spätzlepresse in eine Schüssel drücken und noch warm mit 1 TL Salz, dem Mehl und dem Eigelb vermengen.

- Den Teig zu 2 Rollen formen und in 1,5 cm dicke Scheiben schneiden. Mit der Gabel ein Muster eindrücken.

- Die Gnocchi im Salzwasser garen, bis sie an die Oberfläche steigen. Wer mag, kann sie anschließend noch in etwas Fett anbraten.

- Die Butter in einer Pfanne schmelzen, die Salbeiblättchen darin anrösten und über den Gnocchi verteilen.

Variante 300 g Kartoffeln durch dieselbe Menge Kürbis ersetzen.

« Gnocchi mit Salbeibutter

Für Gäste

Cannelloni mit Pak Choi und Schinken

Für 4 Personen
15 Minuten + 40 Minuten Backzeit

60 g gekochter Schinken • 300 g Pak Choi • 1 EL Olivenöl • Pfeffer • Salz • 125 g Ricotta • 8 Cannelloni • 2 Eier • 2 EL Mandelmus • 1 EL weiche Butter • 2 Stängel Basilikum

- Schinken in Würfel schneiden. Pak Choi waschen und klein schneiden. Beides zusammen in einer Pfanne in dem Öl anbraten. Kurz durchziehen lassen, pfeffern und salzen.

- Die Pfanne vom Herd nehmen und den Ricotta einrühren.

- Die Cannelloni mit der Masse füllen. Dazu entweder einen Spritzbeutel oder einen kleinen Gefrierbeutel nehmen, von dem an einer Ecke die Spitze abgeschnitten wird.

- Den Backofen auf 180 °C Ober-/Unterhitze vorheizen. Die Eier verquirlen und mit Mandelmus und Butter mischen. Den Guss mit 1 Prise Pfeffer und 2 Prisen Salz würzen.

- Die Cannelloni in eine Auflaufform legen und den Guss darübergeben. Ca. 40 Minuten im Ofen garen.

- Vor dem Servieren mit ein paar Basilikumblättchen verzieren.

Add-on Für die, die es vertragen, die Cannelloni mit Käse überbacken.

Kräftig aromatisch

Spaghetti al ragu

Für 4 Personen
20 Minuten

- 500 gemischtes, ganz frisches Hackfleisch
- 2 EL Öl
- Pfeffer
- Salz
- 1 Schalotte oder das Grün einer Frühlingszwiebel
- 200 ml histaminfreier Rotwein (alternativ 200 ml Gemüsebrühe)
- 1 Zucchini
- 2 Möhren
- 1 Stück Knollensellerie
- 2 große rote Paprikaschoten
- 1 TL getrocknetes Basilikum
- 1 TL getrockneter Oregano
- 1 TL getrockneter Thymian
- 1 Lorbeerblatt
- Nadeln von 1 Rosmarinzweig
- 200 ml Gemüsebrühe
- 500 g Spaghetti
- etwas Pflanzendrink zum Verdünnen nach Belieben
- 4 TL gehackte Mandeln

● Das Hackfleisch in einer Pfanne in dem Öl anbraten, mit Pfeffer und Salz würzen. Die Schalotte schälen und halbieren bzw. das Grün der Frühlingszwiebel waschen und in Ringe schneiden. In die Pfanne geben und kurz mitrösten. Mit dem Rotwein ablöschen und 5 Minuten bei schwacher Hitze etwas einköcheln lassen.

● Währenddessen die Zucchini waschen und raspeln. Die Möhren und den Sellerie schälen und ebenfalls raspeln. Die Paprikaschoten halbieren, von Samen uns Scheidewänden befreien, das Fruchtfleisch waschen und klein schneiden. In einem hohen Gefäß mit dem Pürierstab mixen.

● Das geraspelte Gemüse in die Pfanne geben und die pürierte Paprika hinzufügen. Mit den Kräutern würzen, mit Gemüsebrühe auffüllen und 10 Minuten bei schwacher Hitze köcheln lassen.

● Währenddessen die Spaghetti nach Packungsanweisung im Salzwasser garen. Die Sauce mit Salz und Pfeffer abschmecken und eventuell noch mit Pflanzendrink verdünnen. Das Lorbeerblatt herausnehmen.

● Sauce zu den gekochten Spaghetti servieren. Als Parmesanersatz die gehackten Mandeln auf den Tellern verteilen.

Variante Mit der Sauce lässt sich auch super ein Nudelauflauf herstellen: 500 g Nudeln bissfest garen, mit der Sauce vermengen, mit Mozzarella belegen und 20 Minuten im Ofen bei 160 °C Umluft überbacken.

Tipp Eine Hackfleischsauce wird eigentlich umso besser, je länger sie zieht. Das ist bei einer Histaminintoleranz leider nicht möglich, daher lässt man die Sauce nur 10 Minuten köcheln.

Für Kinder

Blitz-Nudeln mit Brokkoli und Schinken

Für 4 Personen
15 Minuten

1 Brokkoli • Salz • 400 g kleine Nudeln • 200 g gekochter Schinken • 1 EL Butter • 100 g Frischkäse • Pfeffer • 2 EL geschälte Hanfsamen als Parmesan-Ersatz

- Den Brokkoli waschen, in Röschen teilen und 10 Minuten in Salzwasser garen. Die kleinen Nudeln in Salzwasser nach Packungsangabe kochen. Den Schinken klein schneiden und in einem Topf in der Butter anbraten.

- Nudeln abgießen und dabei 100 ml des Kochwassers auffangen. Das Nudelwasser zum Schinken geben. Den Frischkäse einrühren und mit Salz und Pfeffer abschmecken.

- Die Nudeln und den Brokkoli auf 4 Teller verteilen und die Sauce darübergeben. Mit Hanfsamen bestreuen.

Variante Statt mit Frischkäse kann das Gericht auch mit einer Packung veganer Streichcreme natur zubereitet werden – so wird es milcheiweißfrei.

Add-on Für Familienmitglieder ohne Intoleranzen geriebenen Käse oder Parmesan dazu reichen.

Edel

Lammlachse mit Kartoffeln und Bohnen

Für 4 Personen
40 Minuten

8 mittelgroße Kartoffeln • Salz • 4 Lammlachse (100–150 g pro Person) • Pfeffer • 2 EL Öl • 300 g grüne Bohnen

- Die Kartoffeln waschen, schälen, halbieren und 20 Minuten in Salzwasser garen.

- Währenddessen die Lammlachse waschen, salzen, pfeffern und in dem Öl 5 Minuten von jeder Seite in der Pfanne anbraten.

- Die Bohnen waschen, die Enden abschneiden und 10 Minuten in Salzwasser köcheln lassen.

- Die gebratenen Lammlachse in Alufolie wickeln und 10 Minuten im Backofen bei 90 °C Ober-/Unterhitze nachgaren lassen.

- Das Fleisch in Streifen schneiden und mit Kartoffeln und Bohnen auf den Tellern anrichten.

Add-on Für Familienmitglieder, die es vertragen, je 5 bis 6 grüne Bohnen nach dem Kochen mit je einem Speckstreifen umwickeln und 4 Minuten in einer Pfanne anbraten.

Tipp Für eine Sauce kann der Bratensaft aus der Pfanne mit Mehlbutter gebunden und mit 100 ml Gemüsebrühe aufgefüllt werden. Auch der restliche Fleischsaft, der später austritt und sich in der Alufolie befindet, kann noch hinzugefügt werden.

Raffiniert

Saté-Spießchen mit Macadamia-Sauce

Für 4 Personen

⏲ 20 Minuten + 1 Stunde Ruhezeit

Für die Spieße
- 400 g Hähnchenfleisch
- 1 Stück Ingwer
- 1 Stängel Zitronengras
- 1 TL Reissirup
- 4 EL Öl plus etwas zum Braten
- 120 ml Kokosmilch
- Pfeffer
- Salz

Für den Reis
- 250 g Reis
- Salz

Für die Sauce
- 1 TL Zucker
- 100 ml Kokosmilch
- 100 ml Gemüsebrühe
- 100 g Macadamianussmus (alternativ Mandelmus)
- Salz
- Pfeffer

● Fleisch waschen und in lange, dünne Streifen schneiden.

● Ingwer und Zitronengras für die Marinade schälen und klein schneiden. Reissirup, Öl und Kokosmilch hinzufügen und verrühren. Pfeffern und salzen.

● Das Fleisch 1 Stunde in der Marinade einlegen.

● Den Reis nach Packungsanleitung im Salzwasser kochen. Das Fleisch wellenförmig auf Holzspieße auffädeln und von beiden Seiten in der Pfanne in Öl braten.

● Danach die Sauce zubereiten. Dazu den Zucker in einem Topf karamellisieren, anschließend mit der Kokosmilch und der Brühe aufgießen. Die Sauce 5 Minuten köcheln lassen, dann das Macadamianussmus einrühren und mit Salz und Pfeffer abschmecken.

● Die Fleischspieße mit der Macadamiasauce übergießen und zu dem gekochten Reis servieren.

Add-on Für Gäste oder Familienmitglieder ohne Intoleranzen klassische Erdnuss-Saté-Spieße mit gekauftem Erdnussmus für die Sauce zubereiten. Mit Limettenscheiben servieren.

Winterlich

Strudel mit Paprika und Schinken

Für einen Strudel

⏲ 20 Minuten + 30 Minuten Ruhezeit + 45 Minuten Backzeit

Für den Strudelteig

- 250 g Weizenmehl plus etwas zum Ausrollen
- 1 Prise Salz
- 1 Ei
- 1 EL Rapsöl
- 1 EL Apfelessig

Für die Füllung

- 700 g bunte Paprikaschoten (ich verwende hier Paprika, es können aber auch Zucchini oder Brokkoli genommen werden)
- 200 g gekochter Schinken
- 100 g Butterkäse oder Mozzarella (alternativ 4 EL weißes Mandelmus)
- 2 Eier
- Salz
- Pfeffer
- 3 EL Butter
- 3 EL Semmelbrösel
- 3 EL Pflanzendrink

● Die Zutaten für den Strudelteig mit 125 ml Wasser mit dem Handrührgerät vermischen und 30 Minuten ruhen lassen.

● Währenddessen die Paprikaschoten halbieren, von Samen und Scheidewänden befreien, das Fruchtfleisch waschen und in Streifen schneiden. Den Schinken würfeln und beides zusammen in eine Schüssel geben.

● Den Käse raspeln und mit den Eiern in die Schüssel geben. Gut vermischen und mit Salz und Pfeffer würzen.

● Den Strudelteig auf einem mit Mehl bestäubten Geschirrtuch sehr dünn ausrollen. Die Butter zerlassen und den Teig damit bestreichen.

● Die Semmelbrösel auf dem Teig verteilen und die Füllung darübergeben, dabei 5 cm zu den Rändern hin frei lassen.

● Den Backofen auf 180 °C Umluft vorheizen. Den Strudel mithilfe des Geschirrtuches einrollen. Die Enden fest andrücken.

● Mit etwas Pflanzendrink bestreichen und 45 Minuten auf der mittleren Schiene backen.

Das passt dazu Feldsalat

Leichte Hauptspeise

Seelachsfilet mit Gemüsereis

Für 4 Personen
30 Minuten

250 g Reis • Salz • 500 g Gemüse der Saison (z. B. Möhren, Kürbis, Paprika, Sellerie, Petersilienwurzel, Zucchini, Pak Choi) • 4 EL Öl • 100 –150 g Seelachs pro Person (alternativ Scholle, Forelle, Dorade, Seehecht) • 3 EL Weizenmehl • 1 TL Gemüsebrühpulver (Seite 45) • 1 TL Kräuter der Provence nach Wunsch

- Den Reis nach Packungsanleitung im Salzwasser kochen. Das Gemüse waschen, nach Bedarf schälen und klein schneiden oder raspeln.

- Das Gemüse in 2 EL Öl in der Pfanne 10 Minuten anbraten und warm halten.

- Den Fisch waschen, trocken tupfen und salzen. Anschließend von beiden Seiten etwas mit Mehl bestäuben und in dem restlichen Öl 6–8 Minuten von beiden Seiten in einer zweiten Pfanne braten.

- Zum Schluss den gekochten Reis zum Gemüse geben und gut vermischen. Gemüsebrühpulver hinzugeben und umrühren. Falls der Gemüsereis zu trocken erscheint, noch etwas Wasser zugeben. Mit Kräutern der Provence garnieren.

Add-on Für alle Familienmitglieder, die es vertragen, noch etwas geriebenen Käse in den gebratenen Reis geben. Der Fisch kann für sie nach dem Bestäuben mit Mehl noch in verquirlten Eiern und in Brösel gewälzt und erst dann gebraten werden.

Für Gäste

Kalbsgeschnetzeltes in Weißwein-Sahne-Sauce

Für 4 Personen
15 Minuten

500 g Kalbfleisch • Pfeffer • Salz • 2 EL Öl • 1 EL Reissirup • 4 Frühlingszwiebeln (grüner Teil) • 100 ml histaminarmer Weißwein • 1 TL Gemüsebrühpulver (Seite 45) • 200 g Sahne oder Pflanzensahne

- Das Kalbfleisch in Streifen schneiden, mit Pfeffer und Salz würzen und in einer Pfanne in dem Öl anbraten. Den Reissirup hinzugeben und karamellisieren lassen.

- Das Grün der Frühlingszwiebeln waschen, in Röllchen schneiden und dazugeben. Anbraten und mit Weißwein ablöschen.

- Das Gemüsebrühpulver und die Sahne einrühren. Kurz erwärmen und eventuell noch etwas abschmecken.

Das passt dazu Bandnudeln oder Spätzle

» Seelachsfilet mit Gemüsereis

Leicht und edel

Gemüseravioli mit Mandelbutter

Für 4 Personen

25 Minuten + 35 Minuten für frischen Nudelteig

- 1 rote Paprikaschote
- 1 gelbe Paprikaschote
- 3 Zucchini
- 1 Bund Frühlingszwiebeln (grüner Teil)
- 2 Möhren
- 2 EL Olivenöl
- 3 TL frische italienische Kräuter (Basilikum, Thymian, Oregano, Rosmarin)
- Pfeffer
- Salz
- 2 EL Aivar
- 1 Pck. fertiger Nudelteig (oder selbst gemachter Nudelteig, Seite 93)
- 3 EL Butter
- 2 EL gehobelte Mandeln

- Die Paprikaschoten halbieren, von Samen und Scheidewänden befreien und das Fruchtfleisch waschen. Zucchini und Frühlingszwiebelgrün waschen, Möhren schälen und alles klein schneiden oder raspeln.

- Das Gemüse in der Pfanne 5 Minuten in Öl anbraten, mit etwas Wasser ablöschen und anschließend 10 Minuten zugedeckt bei schwacher Hitze einkochen lassen.

- Wenn das Wasser verkocht ist, das Gemüse mit Kräutern, Pfeffer und Salz würzen und den Aivar unterrühren.

- Den Nudelteig ausrollen, in Rechtecke schneiden und je einen Klacks der Gemüsefüllung daraufgeben. Die Ränder der Nudelrechtecke mit Wasser anfeuchten, die Rechtecke zusammenklappen und die Ränder gut andrücken.

- Die Ravioli in Salzwasser garen. Sie sind fertig, wenn sie an die Oberfläche steigen.

- Für die Sauce die Butter zerlassen und die Mandelblättchen hineingeben.

- Die Ravioli auf Tellern anrichten und mit etwas Mandelbutter garnieren.

Variante Statt mit Aivar mit etwas Frischkäse oder Ricotta zubereiten (nach Verträglichkeit).

Add-on: Für alle ohne Intoleranzen mit gehobeltem Parmesan servieren.

Für Festtage

Hirschgulasch mit Physalis und Hagebutte

Für 4 Personen
45 Minuten

- 500 g Edelhirsch-Gulasch
- Pfeffer
- Salz
- 1 Schalotte oder 5 Frühlingszwiebeln (grüner Teil)
- 3 Möhren
- 1 Stück Knollensellerie
- 3 EL Öl
- 1 EL Reissirup
- 300 ml histaminarmer Rotwein oder Brühe
- 4 Physalis
- 3 gehäufte TL Hagebuttenkonfitüre
- 1 ½ TL Gemüsebrühpulver (Seite 45)
- 1 Lorbeerblatt
- 5 Wacholderbeeren
- Mehlbutter nach Bedarf
- 150 g Sahne oder 2 TL Mandelmus

- Das Fleisch waschen, trocken tupfen und würfeln. Mit Pfeffer und Salz würzen.

- Schalotte schälen bzw. Frühlingszwiebelgrün waschen. Möhren und Sellerie nach Bedarf schälen und in Würfel schneiden.

- Das Fleisch in Öl anbraten, mit dem Reissirup marinieren und karamellisieren lassen. Mit Rotwein oder Brühe ablöschen.

- Die restlichen Zutaten bis auf die Sahne hinzugeben und 30 Minuten im Schnellkochtopf garen. Nach der Garzeit den Deckel abnehmen, das Fleisch herausnehmen und beiseitelegen.

- Die Garflüssigkeit und das Gemüse durch eine Flotte Lotte passieren. Nach Bedarf mit Mehlbutter andicken.

- Das Fleisch zurück in die Sauce geben. Mit Sahne oder Mandelmus abschmecken und ggf. nochmals kurz erwärmen.

Das passt dazu Serviettenknödel (Seite 108), Spätzle (Seite 108), Salzkartoffeln, Nudeln oder Rösti

Variante Wenn die Wildgewürzmischung (Seite 46) bereits vorrätig ist, dann 1 TL der Gemüsebrühe durch 1 TL dieser Mischung ersetzen.

Tipp Der Alkohol verfliegt größtenteils durch das Erhitzen und kann so die DAO nicht bremsen. Damit ist er auch bei Histaminintoleranz verträglich.

Fast wie das Original

Thai-Schweinefleisch mit Basilikum

Für 4 Personen
20 Minuten

500 g Schweinefleisch • 2 EL Öl • 1 rote Paprikaschote • 1 gelbe Paprikaschote • 200 ml Kokosmilch oder -drink • 3 Kaffir-Limettenblätter • 20 Blätter Thai-Basilikum • 1 EL Zucker • Salz • ½–1 TL Thai-Gewürzpulver (Seite 44) je nach gewünschter Schärfe

- Das Fleisch waschen, in Streifen schneiden und in Öl anbraten.
- Paprikaschoten halbieren, von Samen und Scheidewänden befreien, das Fruchtfleisch waschen und in Streifen schneiden. Zum Fleisch geben und kurz anrösten.
- Mit Kokosmilch ablöschen, mit Limettenblättern, Thai-Basilikum, Zucker, Salz und der Gewürzmischung würzen und 10 Minuten schwach köcheln lassen.

Das passt dazu Mit gekochtem Reis servieren.

Tipp Da ich wirklich gerne thailändisch esse, fiel es mir sehr schwer, zunächst darauf zu verzichten. Thaigerichte beinhalten immer viel Knoblauch und Zwiebeln, die ich nicht vertrage. Daher habe ich selbst eine Thai-Gewürzmischung hergestellt und nachdem ich ein paar Variationen ausprobiert habe, schmeckt mir diese jetzt unglaublich gut und ich vermisse den Knoblauch überhaupt nicht mehr. Sie lässt sich auch sehr gut mit Kokosmilch vermischen und als eine Art Curry-Ersatz verwenden.

Ein Klassiker

Gebratener Thai-Reis

Für 4 Personen
15 Minuten

400 g gemischtes Gemüse (z.B. Möhren, Paprika, Pak Choi, Zucchini, Brokkoli-Röschen) • 3 Frühlingszwiebeln (grüner Teil) • 3 EL Öl • 750 g gekochter, abgekühlter Reis • ½–1 TL Thai-Gewürzpulver (Seite 44) • 3 Eier • Salz • Zucker oder Reissirup

- Das Gemüse und das Frühlingszwiebelgrün waschen, nach Bedarf schälen und klein schneiden.
- In einer Pfanne in Öl anbraten, den gekochten Reis hinzufügen und mit der Thai-Gewürzmischung würzen.
- Die Reis-Gemüse-Mischung in der Pfanne an den Rand schieben und auf der freien Fläche die Eier stocken lassen.
- Danach alles vermischen und kurz durchziehen lassen. Mit Salz und Zucker oder Reissirup abschmecken.

Add-on Selbstverständlich kann auch in Streifen geschnittenes Fleisch (oder Meeresfrüchte für Gäste) angebraten und zu dem Reis serviert werden.

Tipp In der Thaiküche wird auch zum Süßen oft Ketchup verwendet. Diesen können wir nicht verwenden und müssen mit Zucker oder Reissirup nachhelfen.

Asiatisch

Pad Thai

Für 4 Personen
20 Minuten

- 250 g Eiernudeln
- Salz
- 1 gelbe Paprikaschote
- 1 Möhre
- 250 g Pak Choi
- 5 Frühlingszwiebeln (grüner Teil)
- 1 Stück Ingwer
- 2 Stangen Zitronengras
- 150 g geschnetzeltes Schweine- oder Hühnerfleisch
- Pfeffer
- 3 EL Öl
- 2 EL Reissirup
- 1 TL Thai-Gewürzpulver (Seite 44)
- 100 g geröstete gesalzene Macadamianüsse
- Chiliflocken (nach Verträglichkeit)

● Die Eiernudeln nach Packungsangabe in Salzwasser kochen. Paprikaschote halbieren, von Samen und Scheidewänden befreien und das Fruchtfleisch waschen. Möhre schälen, Pak Choi und das Grün der Frühlingszwiebeln waschen. Das Gemüse klein schneiden. Den Ingwer schälen und in Stücke schneiden, das Zitronengras waschen und ebenfalls in Stücke schneiden.

● Das Fleisch mit Salz und Pfeffer würzen und in einer Pfanne im Öl anbraten. Anschließend mit Reissirup karamellisieren.

● Die Frühlingszwiebeln, das Gemüse und das Thai-Gewürzpulver hinzugeben und 5 Minuten dünsten.

● Die Nudeln ebenfalls hinzufügen und mit Salz und Pfeffer abschmecken. Das Zitronengras und die Ingwerstücke wieder entfernen.

● Auf 4 Tellern anrichten und mit den gehackten Nüssen bestreuen.

● Nach Wunsch mit Chiliflocken nach Verträglichkeit würzen.

Add-on Für nicht intolerante Familienmitglieder ganz klassisch geröstete Erdnüsse verwenden und mit Salatgurkenscheiben auf den Tellern anrichten.

Tipp Coco Aminos ist eine histaminfreie Würzsauce aus Kokosblütennektar und Meersalz, die sich hier gut als Ersatz für Sojasauce zum Nachwürzen eignet.

GELIEBTE KLASSIKER

Am besten frisch aus der Pfanne

Kartoffelpuffer

Für 4 Personen

25 Minuten

1 kg festkochende Kartoffeln • 4 Eier • 4 EL feine Haferflocken • 1 ½ TL Salz • 2 Prisen Muskat (nach Geschmack) • Öl zum Anbraten

- Die Kartoffeln waschen, schälen und reiben oder im Mixer zerkleinern. In ein Sieb geben, dieses über eine Schüssel hängen und die Kartoffeln einige Minuten abtropfen lassen. Das Wasser vorsichtig wegschütten und die am Boden abgesetzte Stärke wieder hinzugeben.

- Eier, Haferflocken, Salz und Muskat hinzufügen und gut vermischen.

- Das Öl in einer Pfanne erhitzen, jeweils 2 EL des Pufferteiges in eine Pfanne geben und 7 Minuten von beiden Seiten braten.

Das passt dazu Apfelmus und Zimt-Zucker – oder als Beilage zu Fleisch genießen.

Add-on Wer möchte, kann die Hälfte des Teigs ausbacken und der anderen Teighälfte vor dem Backen noch eine klein geschnittene Zwiebel hinzufügen – wenn verträglich.

Ganz lecker mit viel Sauce!

Serviettenknödel

Für 4 Personen

⏲ 10 Minuten + 45 Minuten Garzeit

460 g Dinkeltoastbrot • 300 g Pflanzendrink (Hafer- oder Reisdrink) • 2 EL Butter • 3 Eier • 1 TL Salz • 1 Bund Petersilie oder Schnittlauch

- Das Toastbrot in Würfel schneiden und mit dem Pflanzendrink vermengen. Die Butter zerlassen und mit den Eiern und dem Salz zur Brotmasse geben. Petersilie oder Schnittlauch waschen, trocken schütteln, klein schneiden und ebenfalls hinzufügen.

- Alles miteinander vermengen und kurz ruhen lassen.

- Den Teig halbieren, zu Rollen formen und in hitzebeständige Frischhaltefolie oder Alufolie wickeln.

- Entweder im Dampfgaraufsatz oder im über einem Topf mit siedendem Wasser hängenden sauberen Geschirrtuch 45 Minuten garen.

- Auswickeln und in Scheiben schneiden.

Das passt dazu Weißwein-Sahne-Sauce (Seite 100) oder dunkle Bratensauce (Seite 103)

Tipp Wer mag, kann auch Brezelknödel machen. Dafür das Toastbrot durch altbackenes Laugengebäck ersetzen, dann aber 30 Minuten einweichen. Dazu passt Feldsalat.

Der Klassiker schlechthin

Selbst gemachte Spätzle

Für 4 Personen

⏲ 25 Minuten

500 g feines Mehl (Weizenmehl Type 405, Spätzlemehl oder Dinkelmehl Type 630) • Salz • 5 Eier

- Mehl in eine Schüssel geben. 1 TL Salz und die Eier hinzufügen. Mit einem Handrührgerät verrühren und 200–250 ml warmes Wasser hinzugeben, bis ein glatter Teig entsteht. Den Teig kurz ruhen lassen.

- In der Zwischenzeit Salzwasser zum Kochen bringen und den Teig mithilfe eines Spätzlehobels oder einer Presse ins Wasser drücken. Die Spätzle sind gar, sobald sie an die Oberfläche steigen.

Variante Mohn-Spätzle sind eine schwäbische Spezialität. Hierzu das Wasser durch Quark oder Frischkäse ersetzen und die fertigen Spätzle in Mohn wälzen.

Tipp Die schwäbische Regel lautet: Mindestens 1 Ei pro 100 g Mehl oder – noch besser – so viele Eier, dass gar kein zusätzliches Wasser nötig ist!

Spezialität aus Schwaben

Schwäbische Maultaschen in Brühe

Für 4 Personen
40 Minuten

Für die Füllung
- 1 Brötchen oder 3 Scheiben Toastbrot
- 2–4 EL Pflanzendrink
- 350 g Schweinerücken
- 1 TL Salz
- 3 Frühlingszwiebeln (grüner Teil)
- 2 Eier
- 3 Stängel Petersilie
- etwas frischer Schnittlauch
- 40 g weiche Butter

Außerdem
- 400 g Nudelteig (selbst gemacht [Seite 93] oder gekauft)
- 1 l Brühe, am besten selbst gemacht (Seite 86)

● Zunächst die Füllung herstellen. Dazu das Brötchen oder das Toastbrot in etwas Pflanzendrink einweichen. Das Fleisch sehr fein pürieren und salzen. Das Grün der Frühlingszwiebeln waschen, sehr fein hacken und mit den Eiern zur Fleischmasse geben.

● Petersilie und Schnittlauch waschen, trocken schütteln und hacken. Das eingeweichte Brötchen bzw. Toastbrot ausdrücken und alle Zutaten für die Füllung miteinander vermischen.

● Den Nudelteig ausrollen, in Rechtecke schneiden und jeweils etwas von der Füllung daraufgeben. Die Ränder des Teigs mit Wasser anfeuchten und die Teigrechtecke zusammenklappen.

● Die Brühe in einem großen Topf erhitzen und die Maultaschen darin 20 Minuten gar ziehen lassen, dabei gelegentlich wenden. In der Brühe servieren.

Variante Die Maultaschen können nach dem Garen auch in Butter geschwenkt und mit Kartoffelsalat gereicht werden.

Schmecken Groß und Klein

Schupfnudeln

Für 4 Personen

⏲ 40 Minuten

1 kg mehlig kochende Kartoffeln • Salz • 150 g Weizenmehl plus etwas für die Arbeitsfläche • 2 Eier • Pfeffer • 1 Prise Muskatnuss • Butterschmalz/Ghee zum Anbraten

- Die Kartoffeln waschen und in der Schale 20 Minuten in Salzwasser kochen. Noch heiß pellen und durch eine Spätzlepresse drücken.

- Mehl, Eier, 1 TL Salz, Pfeffer und Muskat hinzufügen und vermengen, aber nicht kneten.

- Auf einer bemehlten Arbeitsfläche zu 4 Rollen formen, gleich große Stücke abschneiden und mit den Händen in Schupfnudel-Form rollen.

- In einer Pfanne in dem Butterschmalz ca. 7 Minuten ausbacken.

Das passt dazu Als Beilage zu Fleisch oder als Süßspeise mit Zimt-Zucker und einem Obstmus genießen.

Macht was her

Schwäbische Dinnete mit Wirsing & Kartoffeln

Für 4 Personen

⏲ 15 Minuten + 2 Stunden Ruhezeit + 30 Minuten Backzeit

Für den Teig

500 g Weizenmehl • 1 TL Salz • 1 Würfel Hefe (42 g) • 1 EL Zucker • 1 Ei • 5 EL Rapsöl

Für den Belag

3 Kartoffeln • Salz • 300 g Wirsing (alternativ Kürbisscheiben) • 1 Pck. Frischkäse oder vegane Streichcreme natur • Pfeffer • 200 g gekochter Schinken

- Alle Zutaten für den Teig mit 200 ml lauwarmem Wasser in eine Schüssel geben und mit dem Handrührgerät verkneten. Abgedeckt 2 Stunden gehen lassen.

- Währenddessen die Kartoffeln waschen, schälen und in Stücke schneiden. 15 Minuten in Salzwasser kochen. Den Wirsing waschen und in Streifen schneiden. Frischkäse oder vegane Streichcreme natur mit Pfeffer und Salz würzen. Den Schinken in Würfel schneiden.

- Den Backofen auf 180 °C Ober-/Unterhitze vorheizen. Aus dem Teig kleine Teigschiffchen formen. Diese mit Frischkäse bzw. vegane Streichcreme natur bestreichen und die weiteren Zutaten darauflegen. 30 Minuten im vorgeheizten Backofen backen.

Add-on Eine tolle Gäste-Variante ist eine Dinnete mit frischen Feigen, Büffelmozzarella und Honig oder mit Birnenspalten, Walnüssen und Gorgonzola!

» Schwäbische Dinnete

Kindheitsglück

Nudelflecken mit Vanillesauce und Mohn

Für 4 Personen

25 Minuten + 30 Minuten Ruhezeit für den Teig

Für die Vanillesauce
- 6 Eigelb
- 100 g Zucker
- ½ Vanilleschote
- 500 ml Pflanzendrink

Für die Nudelflecken
- selbst gemachter Nudelteig (Seite 93) für 4 Personen
- Salz

Für den Mohnzucker
- 2 EL gemahlener Mohn
- 3 EL Puderzucker

● Für die Vanillesauce Eigelbe und Zucker zusammen mit einem Handrührgerät schaumig rühren. Die Vanilleschote längs aufschlitzen, das Mark auskratzen und hinzufügen. Die Schote mit dem Pflanzendrink aufkochen und 5 Minuten ziehen lassen.

● Die Hitze reduzieren und die Ei-Zucker-Mischung unterrühren.

● Nudelteig dünn ausrollen und in Rauten schneiden. Solange in siedendem Salzwasser garen, bis die Nudeln an die Oberfläche steigen.

● Mohn und Puderzucker miteinander vermischen. Die Nudelflecken mit Mohnzucker und Vanillesauce anrichten.

Variante Eine einfachere und weniger gehaltvolle Vanillesauce stellt man mit 1 Vanilleschote, 500 ml Pflanzendrink, 3 TL Speisestärke und 2 EL Zucker her. Die Stärke mit 3 EL Pflanzendrink glattrühren, zusammen mit dem ausgekratzten Mark der Vanilleschote in den gezuckerten und erwärmten restlichen Pflanzendrink einrühren und aufkochen lassen.

Tipp Mein Lieblingsgericht aus Kindheitstagen, das ich sehr oft bei meiner bayrischen Oma gegessen habe. Genauso wie Dampfnudeln, Buchteln, Waffeln und Zwetschgenknödel.

Für Feinschmecker

Marillenknödel mit Butterbröseln

Für 16 Stück
⏲ 45 Minuten

- 750 g mehlig kochende Kartoffeln
- Salz
- 150 g Weizenmehl
- 1 Ei
- 16 Aprikosen
- 100 g Butter
- 80 g Semmelbrösel
- 3 EL Puderzucker

● Die Kartoffeln 25 Minuten in Salzwasser garkochen. Kurz abkühlen lassen, pellen und durch eine Kartoffelpresse pressen.

● Kartoffeln mit Mehl, Ei und 1 TL Salz zu einem Teig vermischen, dabei nicht zu fest kneten. Aprikosen waschen und entsteinen.

● Den Kartoffelteig zu einer Rolle formen und in 16 Scheiben schneiden. Jeweils in die Mitte eine Aprikose geben und den Teig darüber schließen.

● Die Knödel in siedendem Salzwasser 10 Minuten garen.

● Währenddessen die Butter schmelzen, die Semmelbrösel hinzufügen und auf den Tellern über die fertigen Knödel geben. Mit Puderzucker bestäuben.

Add-on Einen Teil ganz klassisch als Zwetschgenknödel zubereiten.

Auch zum Mitnehmen

Buchteln aus dem Ofen

Für 8–10 Stück

15 Minuten + 1 Stunde Gehzeit + 25 Minuten Backzeit

Für die Buchteln

- 250 ml Pflanzendrink (ich nehme meistens Hafer)
- 50 g Butter
- 1 Würfel Hefe (42 g)
- 750 g Weizenmehl
- 120 g Zucker
- 2 Pck. Vanillezucker
- 1 Prise Salz
- 2 Eier

Für die Auflaufform

- 100 g Butter
- 3 EL brauner Zucker

● Pflanzendrink und Butter handwarm erwärmen und die Hefe hineinbröseln. Die restlichen Zutaten hinzufügen und mit dem Handrührgerät gut verkneten. An einem warmen Ort mindestens 1 Stunde gehen lassen. Nochmals durchkneten und aus dem Teig 8–10 Kugeln formen.

● Den Backofen auf 220 °C Ober-/Unterhitze vorheizen. Eine große Auflaufform buttern und mit Zucker bestreuen. Die Kugeln hineinsetzen und ein paar Mal in der Butter-Zucker-Mischung wenden.

● Die Buchteln im Backofen 20–25 Minuten auf der mittleren Schiene backen.

Das passt dazu Die Buchteln mit Aprikosen- oder Rhabarberkompott reichen.

Add-on Die Buchteln schmecken auch kalt mit Schokocreme.

KUCHEN UND BROT

Super Sattmacher

Vitalbrot

Für ein Brot

⏲ 10 Minuten + mind. 1 Stunde Gehzeit + 1 Stunde Backzeit

½ Würfel Hefe (20 g) • 2 EL Zucker • 110 g Haferflocken • 400 ml Pflanzendrink • 350 g Dinkelvollkornmehl • 200 g Weizenmehl • 60 g gemischte Samen (Kürbiskerne, Pinienkerne, Sesam oder Hanfsamen)

- Hefe mit 250 ml lauwarmem Wasser und dem Zucker vermischen und kurz gehen lassen. Dann alle restlichen Zutaten, bis auf 1 EL der Haferflocken, hinzufügen und mit dem Handrührgerät verkneten. An einem warmen Ort mindestens 1 Stunde gehen lassen.

- Den Backofen auf 230 °C Ober-/Unterhitze vorheizen. Aus dem Teig einen Laib formen, mit Wasser bestreichen und die restlichen Haferflocken sowie die gemischten Samen darauf streuen.

- Im vorgeheizten Backofen auf der mittleren Schiene 20 Minuten backen, dann die Temperatur auf 190 °C reduzieren und weitere 40 Minuten backen.

Tipp Je länger der Teig geht, desto verträglicher wird er.

Ein bisschen Italien auf dem Tisch

Ciabatta

Für ein Ciabatta
⏲ 10 Minuten + 2 Stunden Gehzeit
+ 1 Stunde Backzeit

250 g Weizenmehl • 250 g Dinkelmehl • ½ Würfel Hefe (20 g) • 1 EL Zucker • 1 TL Salz • 3 EL Olivenöl

- Das Mehl in eine Schüssel geben, 360 ml lauwarmes Wasser hinzugeben, die Hefe darüber zerbröseln und den Zucker zur Hefe geben. Dann das Salz und das Olivenöl untermischen und den Teig gut durchkneten.

- Den Teig mindestens 2 Stunden gehen lassen, besser länger. Den Backofen auf 220 °C Ober-/Unterhitze vorheizen.

- Aus dem Teig ein Brot formen und auf ein mit Backpapier belegtes Backblech geben. Das Brot 15 Minuten im vorgeheizten Ofen backen, dann die Temperatur reduzieren und weitere 35–45 Minuten bei 180 °C backen.

Variante Der Teig kann auch als Basis für eine Pizza verwendet werden. Dafür den Teig halbieren, auf 2 Bleche legen, belegen und 20 Minuten bei 180 °C backen.

Kross und locker

Kürbisbrot aus dem Römertopf

Für ein Brot
⏲ 15 Minuten + 3 Stunden Ruhezeit
+ 1 Stunde Backzeit

100 g gehackte Mandeln • 100 g Hokkaido-kürbis • ½ Würfel Hefe (20 g) • 1 EL Zucker • 300 g Weizenmehl plus etwas für die Arbeitsfläche • 250 g Weizenvollkornmehl • 2 TL Salz • 3 EL Öl • 2 EL Kürbiskerne zum Bestreuen

- Für mehr Aroma die Mandeln in einer Pfanne ohne Fett rösten. Kürbis waschen, nach Bedarf schälen und klein raspeln.

- Aus 370 ml lauwarmem Wasser, Hefe, Zucker, Mehl, Salz und Öl einen Knetteig herstellen. Die Mandeln und den Kürbis hinzufügen und nochmals verkneten. An einem warmen Ort 3 Stunden gehen lassen.

- Auf einer bemehlten Arbeitsfläche den Teig mehrmals zur Mitte falten und dann zu einer Kugel formen.

- Den Backofen auf 230 °C Ober-/Unterhitze vorheizen. Den Römertopf auf die unterste Schiene stellen und heiß werden lassen.

- Den Teig mit Wasser bestreichen und die Kürbiskerne daraufstreuen. Den Ofen öffnen und den Teig vorsichtig in den heißen Topf legen. Zunächst mit Deckel 45 Minuten backen, dann den Deckel abnehmen und das Brot weitere 15 Minuten backen.

Märchenhaft

Omas Mohnkuchen

Für eine Springform (∅ 28 cm)
⏲ 20 Minuten + 30 Minuten Ruhezeit + 1 Stunde Backzeit

Für den Mürbeteig
200 g Weizenmehl • 1 TL Backpulver • 1 Ei • 3 EL Zucker • 1 Pck. Vanillezucker • 75 g kalte Butter in Stückchen plus etwas für die Form

Für die Mohnfüllung
500 g frisch gemahlener Mohn • 200 ml Pflanzendrink • 2 EL Zucker • 2 EL Weichweizengrieß • 3 Eier

Für die Streusel
50 g Butter • 50 g Zucker • 1 EL Weizenmehl • 1 EL Mandelstifte

- Alle Zutaten für den Teig in eine Schüssel geben und zügig mit dem Handrührgerät vermischen. 30 Minuten kaltstellen.

- Mohn mit Pflanzendrink aufkochen, Zucker und Grieß unterrühren und kurz quellen lassen. Die Eier trennen und die Eigelbe unterrühren. Die Eiweiße steif schlagen. Die Masse gut abkühlen lassen und den Eischnee vorsichtig unterheben.

- Den Backofen auf 175 °C Ober-/Unterhitze vorheizen. Den Mürbeteig in eine gefettete Springform drücken und dabei die Ränder 2 cm hochziehen. Die Mohn-Grieß-Masse darübergeben.

- Butter, Zucker, Mehl und Mandeln locker mit der Hand zu Streuseln verkneten. Die Streusel auf dem Kuchen verteilen. Auf der mittleren Schiene 50–60 Minuten backen.

Das passt dazu Espresso mit Pflanzendrink und Kaffee-Gewürz (Seite 46)

Ganz französisch

Brioches

Für 10 Brioches
⏲ 10 Minuten + 2 Stunden Ruhezeit + 30 Minuten Backzeit

Für den Teig
½ Würfel Hefe (20 g) • 50 g Zucker • 100 ml Pflanzendrink • 450 g Dinkelmehl • 2 Eier • 150 g Butter plus etwas für das Blech • 1 TL Vanillezucker

Für den Guss
1 Ei • 2 EL Pflanzendrink

- Die Hefe in eine Schüssel bröseln, Zucker und lauwarm erwärmten Pflanzendrink hinzugeben und verrühren. Kurz gehen lassen.

- Die restlichen Zutaten für den Teig hinzufügen und gut verkneten. 1 Stunde an einem warmen Ort gehen lassen.

- Den Teig in 10 gleich große Stücke teilen und von jedem ein kleines Stück abnehmen. Die großen Teigstücke zu Kugeln formen und in die Mulden eines gefetteten Muffinblechs setzen.

- Aus den kleinen Teigstücken nochmals Kugeln formen und diese mittig auf den Brioches andrücken. Die Brioches erneut 1 Stunde gehen lassen.

- Den Backofen auf 180 °C Ober-/Unterhitze vorheizen. Das Ei mit dem Pflanzendrink verquirlen und die Brioches damit bepinseln. Auf der mittleren Schiene 30 Minuten backen.

Das passt dazu Butter und Konfitüre

Kinderleicht

Basis-Rührkuchen 200 und 4

Für eine Springform (∅ 28 cm)
⏲ 10 Minuten + 1 Stunde Backzeit

200 g Zucker • 200 g Butter • 4 Eier • 200 g Weizenmehl • 1 Pck. Backpulver • 1 Pck. Vanillezucker • 1 Prise Salz

- Zucker und Butter zusammen mit einem Handrührgerät schaumig rühren. Eier nacheinander hinzufügen und weiter verrühren. Anschließend Mehl einrieseln lassen, Backpulver, Vanillezucker und Salz untermischen.

- Den Backofen auf 190 °C Ober-/Unterhitze vorheizen. Jetzt heißt es, kreativ zu werden! Verträgliche Obstsorten in kleinen Stücken, Mandeln, Haferflocken, Kokosnussstücke oder andere verträgliche Nüsse, ebenso Gewürze wie Zimt, Koriander, Nelken oder Kardamom ... Ich teile den Kuchen grundsätzlich durch ein Stück Backpapier in der Mitte und mache so einfach 2 unterschiedliche Kuchen: einmal mit Obst und einmal mit viel Schoki für die Kids.

- Den Kuchen auf der mittleren Schiene 50–60 Minuten backen.

Tipp So entstehen aus dem Basiskuchen z.B.: Stachelbeer-Baiser, Kirschrührkuchen mit Marzipan, Gewürzkuchen mit Ingwer und Zimt, Heidelbeerrührkuchen mit Frischkäse, karibischer Kokosgugelhupf oder versunkener Apfelkuchen.

Zum Kaffee oder Wochenendfrühstück

Hefezopf

Für einen Zopf
⏲ 10 Minuten + 2 Stunden Gehzeit + 30 Minuten Backzeit

½ Würfel Hefe (20 g) • 60 g Zucker • 100 ml Pflanzendrink oder laktosefreie Milch • 2 TL Vanillezucker • 3 EL Butter • 500 g Dinkelmehl • ½ TL Salz • 1 Ei

- Die Hefe mit 100 ml lauwarmem Wasser und dem Zucker verrühren und kurz gehen lassen. Dann die restlichen Zutaten bis auf das Ei hinzufügen und mit dem Handrührgerät verkneten. Den Teig 1 Stunde an einem warmen Ort gehen lassen.

- Den Teig in 3 gleich große Teile teilen, zu langen Rollen formen und daraus einen Zopf flechten. Auf das mit Backpapier belegte Backblech legen und nochmals 1 Stunde gehen lassen.

- Den Backofen auf 200 °C Ober-/Unterhitze vorheizen. Den Zopf mit dem verquirlten Ei bepinseln und 30 Minuten im Backofen auf mittlerer Schiene backen.

Variante Schmeckt auch sehr lecker mit Hagelzucker und Mandelblättchen als Belag.

» Hefezopf

Zu jeder Tageszeit ein Genuss

Schwäbische Laugenbrezeln

Für 8 Brezeln

20 Minuten + 2 Stunden Ruhezeit + 30 Minuten Backzeit

Für den Teig

- 500 g Mehl
- ½ Würfel Hefe (20 g)
- 1 EL Zucker
- 125 ml Pflanzendrink
- 1 EL Butter
- 1 TL Salz

Für die Lauge

- 2 EL Natron

Zum Bestreuen

- 2 EL grobes Salz

- Das Mehl in eine Schüssel geben, eine Mulde bilden, die Hefe hineinbröseln, den Zucker daraufgeben und mit 125 ml lauwarmem Wasser und lauwarmem Pflanzendrink verrühren. Anschließend die restlichen Zutaten dazugeben und gut kneten.

- Den Teig so lange gehen lassen, bis er sich verdoppelt hat. In 8 Portionen teilen und zu Brezeln oder alternativ zu Laugenstangen formen.

- 3 l Wasser in einem großen Topf zum Kochen bringen, Natron darin auflösen und die Brezeln einzeln hineingeben. Wenn sie an die Oberfläche kommen, herausnehmen und auf einem Kuchengitter abtropfen lassen (wenn zu viel Lauge an den Brezeln klebt, schmecken sie bitter!). Den Backofen auf 200 °C Ober-/Unterhitze vorheizen.

- Die Brezeln auf ein mit Backpapier belegtes Backblech legen, mit grobem Salz bestreuen und 20–30 Minuten im vorgeheizten Ofen auf der mittleren Schiene backen.

Add-on Für die Familienmitglieder ohne Intoleranzen die Brezeln mit Käse statt mit Salz bestreuen.

Tipp Die Lauge kann man auch fertig kaufen. Das Gebäck wird nur damit bestrichen und dann gebacken.

Am besten ofenfrisch

Der perfekte Apfelstrudel

Für ein Blech

30 Minuten + 30 Minuten Ruhezeit + 45 Minuten Backzeit

Für den Strudelteig

- 250 g Weizenmehl (Type 405) plus etwas zum Ausrollen
- 1 Prise Salz
- 1 Ei
- 1 EL Rapsöl
- 1 EL Apfelessig

Für die Füllung

- 40 g Butter
- 3 EL Semmelbrösel
- 700 g säuerliche Äpfel (z.B. Boskop)
- 100 g gehackte Mandeln
- 100 g Zucker
- 1 Pck. Vanillezucker
- 1 TL Zimt
- 5 Physalis

Außerdem

- 2 EL Pflanzendrink zum Bestreichen

● Die Zutaten für den Strudelteig mit 125 ml Wasser mit dem Handrührgerät vermischen und 30 Minuten abgedeckt ruhen lassen. Der Essig ist nötig, damit der Teig später nicht zerreißt und unschöne Löcher entstehen.

● Den Strudelteig auf einem mit Mehl bestäubten Geschirrtuch sehr dünn ausrollen.

● Die Butter für die Füllung zerlassen und den Teig damit bestreichen. Anschließend die Semmelbrösel darauf verteilen.

● Die Äpfel schälen, die Kerngehäuse entfernen und das Fruchtfleisch in feine Scheiben schneiden oder raspeln. Mit gehackten Mandeln, Zucker, Vanillezucker und Zimt vermischen. Die Physalis als Zitronenersatz über den Äpfeln ausdrücken.

● Den Backofen auf 180 °C Umluft vorheizen. Die Apfel-Zucker-Mischung auf dem Strudelteig verteilen. Dabei sollen 5 cm am Rand frei bleiben.

● Den Strudel mithilfe des Geschirrtuchs einrollen. Die Enden fest andrücken. Strudel mit Pflanzendrink bestreichen. 45 Minuten auf der mittleren Schiene backen.

Das passt dazu Je eine Kugel Vanilleeis (Seite 135)

Variante Alternativ eignen sich auch Pfirsiche, Mirabellen, Stachelbeeren oder Heidelbeeren für einen süßen Strudel.

Klein und fein

Gefüllte Sonntags-hörnchen

Für 15 Hörnchen

⏲ 20 Minuten + 2 Stunden Ruhezeit + 15 Minuten Backzeit

Für den Teig

400 g Weizenmehl • ½ Würfel Hefe (20 g) • 50 g Zucker • 150 ml Pflanzendrink • 1 Prise Salz • 200 g weiche Butter

Für die Füllung

1 EL Zucker • 1 TL Zimt oder Konfitüre (nach Verträglichkeit) • 2 EL Pflanzendrink

- Das Mehl in eine Schüssel geben und eine Mulde formen. Die Hefe in die Mulde bröseln, den Zucker daraufgeben und den lauwarmen Pflanzendrink darübergeben. Dann Salz und zimmerwarme Butter dazugeben und zu einem Teig kneten. Mindestens 2 Stunden an einem warmen Ort gehen lassen.

- Für die Füllung Zucker, Zimt oder Konfitüre und Pflanzendrink in einem Schälchen verrühren. Den Teig ausrollen, 15 Dreiecke ausschneiden, mit der Zimt-Zucker-Mischung oder der Konfitüre bepinseln und dann einrollen. Den Ofen auf 200 °C Ober-/Unterhitze vorheizen.

- Die Rollen zu Hörnchen biegen und im vorgeheizten Ofen 10–15 Minuten backen.

Add-on Die Hörnchen können für diejenigen, die es vertragen, vor dem Backen auch mit einer Mandel-Nuss-Creme (Seite 56) oder einer Schokocreme gefüllt werden.

Fruchtig süß

Reineclauden-Tarte

Für eine Tarte

⏲ 15 Minuten + 30 Minuten Ruhezeit

70 g Zucker • 250 g Weizenmehl • 1 Prise Salz • 125 g kalte Butter • 1 Ei • 500 g Reineclauden • 2 EL Pflanzendrink • 25 g brauner Zucker

- Zucker, Mehl, Salz, Butter und Ei in eine Schüssel geben und mit dem Rührgerät zu einem Teig verarbeiten. 30 Minuten kaltstellen.

- Die Reineclauden waschen, halbieren, Steine entfernen und das Fruchtfleisch in dünne Scheiben schneiden.

- Den Backofen auf 200 °C Ober-/Unterhitze vorheizen. Den Teig ausrollen und mit dem Obst belegen. Dabei etwa 2 cm am Rand frei lassen. Die Ränder einrollen, mit Pflanzendrink bestreichen und mit braunem Zucker bestreuen.

- Auf der mittleren Schiene im vorgeheizten Ofen 30 Minuten backen.

Variante Die Tarte kann auch mit Pfirsichen oder Aprikosen belegt werden.

» Gefüllte Sonntagshörnchen

Für die Kaffeetafel

Streuselkuchen mit Aprikosen

Für eine Springform (∅ 28 cm)
⏲ 20 Minuten + 2 Stunden Gehzeit + 40 Minuten Backzeit

Für den Teig
500 g Weizenmehl • 1 TL Salz • 1 Würfel Hefe (42 g) • 1 EL Zucker • 1 Ei • 5 EL Rapsöl plus etwas für die Form
Für die Streusel
100 g Butter plus etwas für die Form • 80 g Zucker • 150 g Mehl
Außerdem
500 g Aprikosen

- Die Zutaten für den Teig mit 200 ml lauwarmem Wasser in eine Schüssel geben, mit dem Handrührgerät verkneten und 2 Stunden gehen lassen.

- Die Zutaten für die Streusel in eine Schüssel geben und mit dem Handrührgerät zu Streuseln verarbeiten.

- Die Aprikosen waschen, halbieren, entsteinen und in Spalten schneiden. Den Backofen auf 180 °C Ober-/Unterhitze vorheizen.

- Eine Springform fetten, mit dem Teig auskleiden, die Aprikosen darauflegen und zuletzt die Streusel auf dem Obst verteilen.

- Etwa 40 Minuten im vorgeheizten Backofen auf der mittleren Schiene backen.

Variante Aprikosen gegen Reineclauden, Mirabellen oder Pfirsiche austauschen.

Sommer-Highlight

Stachelbeerkuchen mit Guss

Für eine Springform (∅ 28 cm)
⏲ 20 Minuten + 50 Minuten Backzeit

Für den Teig
200 g weiche Butter plus etwas für die Form • 100 g Zucker • 1 Ei • 200 g Weizenmehl
Für den Belag
250 g Stachelbeeren • 70 g Zucker • 2 Eier • 250 g Sahne (oder Pflanzensahne)

- Die Zutaten für den Teig in eine Schüssel geben, mit dem Handrührgerät vermischen und eine gefettete Springform damit auskleiden. Dabei den Teig am Rand ca. 2 cm hochziehen.

- Die Stachelbeeren waschen und auf dem Teig verteilen. Den Backofen auf 180 °C Ober-/Unterhitze vorheizen. Zucker, Eier und Sahne für den Belag miteinander verquirlen und über die Stachelbeeren gießen. Den Kuchen auf der mittleren Schiene ca. 50 Minuten backen. Abkühlen lassen.

Variante Auch mit Heidelbeeren, Johannis- oder Brombeeren sehr lecker.

» Streuselkuchen mit Aprikosen

Für den Weihnachtsteller

Linzer Torte de luxe

Für eine Springform (∅ 28 cm)

⏲ 15 Minuten + 30 Minuten Ruhezeit + 50 Minuten Backzeit

- 200 g Zucker
- 1 Pck. Vanillezucker
- 1 Ei
- 250 g weiche Butter plus etwas für die Form
- 300 g Weizenmehl
- 1 EL Zimt
- 1 Pck. Backpulver
- 125 g gemahlene Mandeln
- 1 Prise Gewürznelken
- 1 Prise Salz
- 200–300 g Hagebuttenkonfitüre oder Stachelbeergelee
- 1 Eigelb

● Zucker, Vanillezucker und Ei mit einem Handrührgerät schaumig rühren. Butter hinzugeben und nochmals verrühren. Anschließend Mehl, Zimt und Backpulver zugeben und unterrühren. Zuletzt noch die Mandeln, Nelken und Salz hinzufügen.

● Den Teig 30 Minuten kaltstellen. Dann ⅔ vom Teig für den Boden abnehmen, in eine gefettete Springform drücken und an den Rändern 1 cm nach oben ziehen.

● Konfitüre oder Gelee etwas erwärmen und darauf verteilen. Den Backofen auf 175 °C Ober-/Unterhitze vorheizen.

● Den restlichen Teig entweder mit Plätzchenformen ausstechen oder in Streifen geschnitten gitterförmig auf den Kuchen legen. Mit dem verquirlten Eigelb bestreichen.

● 40–50 Minuten im vorgeheizten Ofen auf der mittleren Schiene backen.

Add-on In den Teig nach Verträglichkeit 2 EL Kakaopulver geben und den halben Kuchen mit Himbeerkonfitüre bestreichen.

Der perfekte Geburtstagskuchen

Naked Cake

Für eine Springform (∅ 26 cm)
1 Stunde + 4 Stunden Ruhezeit

Für den Biskuit
- 6 Eier
- 180 g Zucker
- 1 Prise Salz
- 110 g Weizenmehl
- 110 g Speisestärke
- Fett für die Form

Für die Creme
- 3 Blatt Gelatine oder gemahlene Gelatine
- 200 g Sahne
- 1 Vanilleschote
- 400 g Frischkäse
- 40 g Zucker
- 400 g verträgliche Beeren (wie Brombeeren, Stachelbeeren oder Heidelbeeren)
- 100 g Puderzucker

● Für den Biskuit die Eier trennen, Eiweiße steif schlagen und Eigelbe mit dem Zucker schaumig rühren. In die Eier-Zucker-Masse langsam Salz, Mehl, Speisestärke und 3 EL warmes Wasser einrühren. Anschließend den Eischnee unterheben.

● Den Backofen auf 160 °C Umluft vorheizen. Den Teig in die gefettete Springform füllen und im Ofen 25–35 Minuten backen. Stäbchenprobe machen! Gut abkühlen lassen.

● Den gebackenen Biskuit mit einem Bindfaden oder einem scharfen Messer quer halbieren.

● Für die Creme die Gelatine in kaltem Wasser einweichen. Die Sahne steif schlagen. Vanilleschote längs aufschlitzen, das Mark auskratzen und zugeben. Frischkäse und Zucker zusammen glattrühren.

● Gelatine gut ausdrücken und kurz bei schwacher Hitze in einem Topf auflösen. Dann unter die Frischkäsecreme rühren. Anschließend die Sahne vorsichtig unterheben.

● Die Beeren waschen und eine Handvoll zur Dekoration beiseitelegen. Die restlichen Beeren mit dem Puderzucker vermischen und leicht zerdrücken.

● Etwa ¼ der Creme auf den unteren Biskuitboden streichen, die Beerenmasse darauf verteilen, den zweiten Boden vorsichtig auflegen und andrücken. Wieder ¼ der Creme auf dem oberen Boden verstreichen und die restliche Creme außen um den Kuchen streichen, sodass die einzelnen Böden noch etwas durchscheinen.

● Mit den zurückbehaltenen Beeren dekorieren. Mindestens 4 Stunden kaltstellen.

SÜSSSPEISEN

Veganes Dessert

Mirabellenröster

Für 4 Personen

⏲ 20 Minuten

500 g Mirabellen • 60 g Zucker • 1 Pck. Vanillezucker • 1 TL Zimt

- Mirabellen waschen, halbieren und entsteinen.

- Mit Zucker, Vanillezucker und Zimt 10 Minuten in einem Topf köcheln lassen.

Variante Gelingt auch mit Sauerkirschen, Zwetschgen (für Gäste oder alle, die sie vertragen) oder Aprikosen.

Das passt dazu Buchteln (S. 114), Pfannkuchen (S. 66), Vanilleeis (S. 135).

Pure Erfrischung

Rhabarberkompott

Für 4 Personen
20 Minuten

700 g Rhabarber • 100 g Zucker • 1 Pck. Vanillezucker oder 1 Prise geriebene Tonkabohne

- Rhabarber schälen und klein schneiden.
- Mit Zucker, Vanillezucker oder Tonkabohne und etwas Wasser in einem Topf 10 Minuten köcheln lassen.

Das passt dazu Milchreis oder Eis

Vegetarisch

Mandelreis mit Zimt und Zucker

Für 4 Personen
50 Minuten

1 l Mandeldrink • 50 g Zucker • 2 Pck. Vanillezucker • 1 Prise Salz • 200 g Rundkornreis • 1 Ei • Zimt-Zucker

- Mandeldrink in einen Topf geben und langsam erwärmen. Zucker, Vanillezucker und Salz hinzufügen, dann langsam den Reis einrieseln lassen, aufkochen und bei schwacher Hitze 40 Minuten köcheln lassen.
- Am Ende der Garzeit das Ei unterrühren.
- Noch warm mit Zimt-Zucker genießen.

Das passt dazu Obstkompott

» Mandelreis mit Zimt und Zucker

Knusprig

Cookie-Eis mit Haferkeksen

Für 4 Portionen

20 Minuten + 12 Stunden Kühlzeit

5 ganz frische Eigelb • 80 g Puderzucker • 250 g Pflanzensahne (frische laktosefreie Sahne) oder 250 ml Pflanzendrink (Hafer- oder Mandel-Barrista-Drink lässt sich sehr gut schäumen) • 1 TL Vanillezucker • 6 Haferkekse

- Die Eigelbe mit dem Zucker zu einer dicken Creme aufschlagen. Die Pflanzensahne so gut wie möglich aufschlagen, den Vanillezucker unterrühren und vorsichtig unter die Eimasse ziehen.

- Die Haferkekse in Stücke brechen und in die Eimasse einrühren.

- Entweder in eine Eismaschine geben oder 12 Stunden einfrieren und gelegentlich mit einer Gabel durchstreichen, damit sich nicht so viele Kristalle bilden.

Variante Statt Haferkeksen Amarettini in Stücken in das Eis geben.

Festliches Dessert für Gäste

Warmer Sauerkirsch-Crumble

Für 12 Gläser oder eine große Auflaufform

10 Minuten + 20 Minuten Backzeit

Für die Streusel

100 g gemahlene Mandeln • 100 g Weizenmehl • 100 g kalte Butter • 100 g Zucker • ½ TL Zimt • 1 Prise Salz

Für das Obst

800 g Sauerkirschen (frisch oder TK) • etwas Reissirup zum Süßen

- Alle Zutaten für die Streusel in eine Schüssel geben und mit dem Rührgerät oder den Händen locker zu Streuseln verarbeiten.

- Sauerkirschen mit Reissirup süßen und in 12 hitzebeständige Gläser oder Schalen verteilen.

- Den Backofen auf 180 °C Ober-/Unterhitze vorheizen. Die Streusel auf dem Obst verteilen und alles 20 Minuten backen.

Das passt dazu Sehr lecker mit einer Kugel Vanilleeis (Seite 135).

Gelingt leicht

Veganes Heidelbeer-Kokos-Eis

Für 4 Personen
⏲ 10 Minuten

20 g Kokosraspel • 60 g Zucker • 500 g TK-Heidelbeeren • 200 g Kokosmilch • 50 g Kokosmus • 1 Pck. Vanillezucker • 100 g frische Heidelbeeren zum Garnieren

- Alle Zutaten, bis auf die Früchte für die Garnitur, zusammen pürieren und in Schälchen füllen.

- Mit den frischen Heidelbeeren garnieren und sofort servieren.

Variante Auch ein Brombeer-Kokos-Eis oder Stachelbeer-Kokos-Eis lässt sich so mit gefrorenen Früchten zubereiten.

Cremig und zart

Vanilleeis

Für 4 Portionen
⏲ 20 Minuten + 12 Stunden Kühlzeit

5 ganz frische Eigelb • 80 g Puderzucker • 250 g Pflanzensahne (frische laktosefreie Sahne) oder 250 ml Pflanzendrink (Hafer oder Mandel – Barrista-Drink lässt sich sehr gut schäumen) • 1 TL Vanillezucker • Mark von 1 Vanilleschote

- Die Eigelbe mit dem Puderzucker zu einer dicken Creme aufschlagen.

- Pflanzensahne oder Pflanzendrink so gut wie möglich aufschlagen, Vanillezucker und Vanillemark unterrühren und vorsichtig unter die Eimasse ziehen.

- Entweder in eine Eismaschine geben oder 12 Stunden einfrieren und gelegentlich mit einer Gabel durchstreichen, damit sich nicht so viele Kristalle bilden.

Add-on Für Gäste oder Familienmitglieder ohne Intoleranzen dem Eis ein paar Schokotropfen, Rumrosinen oder karamellisierte Walnüsse hinzufügen.

Fruchtige Abkühlung

Mango-Sorbet

Für 4 Personen
10 Minuten + 12 Stunden Kühlzeit

100 g Puderzucker • 400 g Mango-Fruchtfleisch

- 100 ml Wasser in einem Topf erhitzen, den Zucker einrühren und so lange köcheln lassen, bis sich der Zucker aufgelöst hat. Dann abkühlen lassen.

- Mango pürieren, mit Sirup vermischen und mindestens 12 Stunden gefrieren lassen.

- In Schälchen verteilen und sofort servieren.

Variante Nur 300 g der Mango pürieren und das Sorbet zum Schluss mit dem restlichen Mangofruchtfleisch und 2 Stängeln Zitronenmelisse oder Minze garnieren.

Perfekt zum Espresso

Mandel-Cantuccini

Für ein Blech
15 Minuten + 30 Minuten Ruhezeit + 30 Minuten Backzeit

250 g Weizenmehl • 100 g Zucker • 1 TL Backpulver • 1 Pck. Vanillezucker • 1 Prise Salz • 2 EL Butter • 2 Eier • 150 g Mandeln

- Alle Zutaten miteinander vermischen und gut verkneten. Den Teig 30 Minuten kaltstellen.

- Den Teig zu 5 Rollen formen und die Rollen in 1 cm dicke Scheiben schneiden.

- Den Backofen auf 180 °C Ober-/Unterhitze vorheizen. Die Stücke mit der Schnittfläche nach oben auf ein Backblech legen und 15 Minuten im Ofen backen.

- Kekse wenden und nochmals 15 Minuten backen. Gut abkühlen lassen.

Add-on Für alle Familienmitglieder, die es vertragen, noch Schokotropfen in den Teig geben.

« Mango-Sorbet

Superschnell

Mikrowellen-Tassenkuchen

Für eine Tasse (250 ml)
5 Minuten

3 EL Weizenmehl • 1½ EL Zucker • 1 EL Öl • 3 EL Pflanzendrink • 1 Ei • ¼ TL Backpulver • Früchte, Nüsse oder Schokoladenstückchen nach Geschmack

- Alle Zutaten miteinander verrühren und in eine Tasse füllen (diese sollte nur zur Hälfte gefüllt sein).

- Bei 900 Watt 1 Minute 40 Sek. in der Mikrowelle backen. Noch warm genießen!

Add-on Ein Stück dunkle Nugatschokolade in die Mitte der Tasse geben und so einen Lava-Kuchen herstellen!

Für Kinderhände

Butterplätzchen

Für 1–2 Bleche
20 Minuten + 30 Minuten Ruhezeit + 14 Minuten Backzeit

Für den Teig
250 g Weizenmehl • 125 g Butter • 100 g Zucker • 1 Ei • 1 Pck. Vanillezucker

Zum Verzieren
3 EL Puderzucker • Zuckerstreusel oder Schokoflocken (nach Verträglichkeit)

- Alle Zutaten für den Teig mit dem Handrührgerät miteinander vermischen und 30 Minuten kaltstellen.

- Den Backofen auf 180 °C Ober-/Unterhitze vorheizen. Den Teig ausrollen und nach Belieben ausstechen.

- Je nach Größe der Plätzchen 10–14 Minuten im vorgeheizten Ofen backen. Gut abkühlen lassen.

- Den Puderzucker mit 1 EL Wasser verrühren, die Plätzchen damit bepinseln und mit Streuseln oder Schokoflocken nach Verträglichkeit verzieren.

Variante Spitzbuben herstellen. Dafür zwischen 2 Plätzchen Hagebuttenkonfitüre streichen und die Plätzchen anschließend mit Puderzucker bestäuben.

Zart und mürbe

Chia-Kipferl

Für ein Blech

30 Minuten + 30 Minuten Ruhezeit + 12 Minuten Backzeit

250 g Weizenmehl • 200 g gemahlene Mandeln • 180 g weiche Butter • 125 g Zucker oder Puderzucker • 2 Eigelb • 1 Pck. Vanillezucker • 1 TL Chia-Samen

- Alle Zutaten mit dem Handrührgerät zu einem Teig vermischen und 30 Minuten kaltstellen.

- Den Backofen auf 180 °C Ober-/Unterhitze vorheizen. Den Teig zu 4 Rollen formen und die Rollen in gleich große Scheiben schneiden.

- Daraus Kipferl formen und auf ein mit Backpapier belegtes Backblech legen.

- Im vorgeheizten Ofen ca. 12 Minuten backen.

Varianten Auch 1–2 TL Lebkuchengewürz passen wunderbar in den Teig, dann die Chia-Samen weglassen. Für Vanillkipferl die noch warmen Kipferl mit Puderzucker und Vanille bestreuen.

Weihnachtlich

Mandelmakronen

Für ein Blech

15 Minuten + 20 Minuten Backzeit

3 Eiweiß • 200 g gemahlene Mandeln • 100 g Zucker • 1 Prise Salz

- Eiweiße steif schlagen. Den Backofen auf 180 °C Ober-/Unterhitze vorheizen.

- Mandeln, Zucker und Salz vorsichtig unter das Eiweiß heben und mithilfe zweier Löffel kleine Häufchen auf ein mit Backpapier belegtes Blech setzen.

- Die Makronen auf der mittleren Schiene 20 Minuten im vorgeheizten Ofen backen.

Variante Für Kokosmakronen einfach die Mandeln durch Kokosraspel austauschen. Wer möchte, taucht noch einen Teil der Makronen nach dem Backen in flüssige weiße Schokolade.

Add-on Für alle, die es vertragen und mögen, 50 g Schokoladentropfen in den Teig geben.

Rezeptregister

Stichwortverzeichnis

Bibliografische Information der Deutschen Nationalbibliothek
Die Deutsche Nationalbibliothek verzeichnet diese Publikation in der Deutschen Nationalbibliografie; detaillierte bibliografische Daten sind im Internet über http://dnb.d-nb.de abrufbar.

Programmplanung: Uta Spieldiener
Projektmanagement: Anja Bippus
Redaktion: Bettina Snowdon
Bildredaktion: Christoph Frick, Caroline Merdian

Umschlaggestaltung: © Thieme
Layout: CYCLUS · Visuelle Kommunikation, Stuttgart

Bildnachweis:
Umschlagmotiv und Bild S. 3: © A. Rogge und J. Jankovic/Thieme
Autorinnenfoto und Bild Seite 6: © adamART / Marlon Adam
Foodfotos: © A. Rogge und J. Jankovic/Thieme; Seite 48/49, 51, 53, 57, 63, 69, 81, 87, 88/89, 91, 94, 121, 125, 127, 132, 136 © Stefanie Bütow/Thieme
Zeichnungen: Susi Schaaf, Bellheim

1. Auflage 2022

TRIAS Verlag in Georg Thieme Verlag KG
Rüdigerstraße 14, 70469 Stuttgart, Germany
www.trias-verlag.de

Printed in Germany

Satz und Repro: Fotosatz Buck, Kumhausen
Druck: Westermann Druck Zwickau GmbH, Zwickau

Gedruckt auf chlorfrei gebleichtem Papier

ISBN 978-3-432-11519-1 1 2 3 4 5 6

Auch erhältlich als E-Book:
eISBN (ePub) 978-3-432-11520-7

Wo datenschutzrechtlich erforderlich, wurden die Namen und weitere Daten von Personen redaktionell verändert (Tarnnamen). Dies ist grundsätzlich der Fall bei Patienten, ihren Angehörigen und Freunden, z. T. auch bei weiteren Personen, die z. B. in die Behandlung von Patienten eingebunden sind.

Thieme Publikationen streben nach einer fachlich korrekten und unmissverständlichen Sprache. Dabei lehnt Thieme jeden Sprachgebrauch ab, der Menschen beleidigt oder diskriminiert, beispielsweise aufgrund einer Herkunft, Behinderung oder eines Geschlechts. Thieme wendet sich zudem gleichermaßen an Menschen jeder Geschlechtsidentität. Die Thieme Rechtschreibkonvention nennt Autor*innen mittlerweile konkrete Beispiele, wie sie alle Lesenden gleichberechtigt ansprechen können. Die Ansprache aller Menschen ist ausdrücklich auch dort intendiert, wo im Text (etwa aus Gründen der Leseleichtigkeit, des Text-Umfangs oder des situativen Stil-Empfindens) z. B. nur ein generisches Maskulinum verwendet wird.